ro
ro
ro

ro
ro
ro

Renate Bergmann

Kennense noch Blümchenkaffee?

Die Online-Omi erklärt die Welt

Rowohlt Taschenbuch Verlag

2. Auflage November 2016

Veröffentlicht im Rowohlt Taschenbuch Verlag,
Reinbek bei Hamburg, November 2016

Einbandgestaltung any.way, Barbara Hanke
Einbandillustration Rudi Hurzlmeier;
fotolinchen / iStockphoto.com
Satz Stempel Garamond PostScript, InDesign,
bei Pinkuin Satz und Datentechnik, Berlin
Druck und Bindung CPI books GmbH,
Leck, Germany
ISBN 978 3 499 29074 9

Guten Tag,

hier schreibt Renate Bergmann. Vielleicht kennense mich ja schon, vom Fäßbock oder vom Twitter. Falls nicht, stelle ich mich kurz vor, wenn Sie gestatten? Ich bin 82, Rentnerin, vierfach verwitwet und lebe in Berlin-Spandau.

Anfangs hatte ich ziemliche Probleme mit dem Computerzeuchs, aber mein Neffe Stefan hat es mir so erklärt, dass ich nun ganz gut zurechtkomme. Er hat mit einem Faserstift alles rot angestrichen auf der Tastatur, wo ich nicht draufkommen darf und was ich auf gar keinen Fall drücken soll. Ich muss immer schön in der Mitte auf den weißen Tasten bleiben, dann passiert nichts. Und man sieht auf dem Bildschirm, was ich schreibe. Wenn ich meine Lesebrille aufhabe, geht es ganz gut. Schnell tippe ich nicht, die Finger wollen nicht mehr so recht …

Aber deshalb schreibe ich Ihnen nicht. Mir geht es um was anderes.

Wissense, was es für eine Schande ist, dass unsere schöne Sprache ausstirbt und verschludert wird? Ach, es ist zum Weinen. Bitte verstehen Sie mich nicht falsch. Ich bin keine von denen, die an der Vergangenheit kleben und sich allem verweigern, was neu ist. Die Zeit schreitet voran, und man muss auch mit ihr gehen, sonst bleibt man im Gestern stecken.

Viele Wörter sterben aus, weil es die Dinge nicht mehr gibt, und nicht, weil man anders dazu sagt. Schelllackplatte zum Beispiel. Heute gibt es so was nicht mehr, jeder hat diese kleinen silbernen DC-Scheiben oder sogar MPs auf dem Computer. Meist gleich drei Stück. Trotzdem ist es doch schön, wenn man sich erinnert, was eine Schelllackplatte ist. Ich habe dem Stefan erzählt, dass mir der Opa damals die neuste Schlagerplatte von Rudolf Schock geschenkt hat. Wir haben dazu geschwoft, und am Wochenende hat er mich zum Tanztee ausgeführt. Ich war 16, also gerade im Ausführalter.

Da hat der Junge mich angeguckt und nur gesagt: «Tante Renate, ich verstehe kein Wort.»

Also dachte ich: Mensch, Renate, das musst du dem Stefan alles mal aufschreiben, sonst weiß der gar nicht, wie sein Opa weiland gefeiert hat.

Dann war ich letzthin mit meiner Freundin Gertrud unterwegs zum Einkaufen. Ihre Enkelin Vanessa ist jetzt 15, und bisher hat sich keiner um die Aussteuer von dem Mädchen gekümmert! Denkense sich nur. Was soll denn aus dem Ding werden? Bald 16 und noch nichts in der Aussteuertruhe, nicht mal ein Plumeau. Kein Tafeltuch, keine Servietten, nichts. Na, was meinense, was wir da erlebt haben. Gehense mal zu Karstadt und fragen nach einem Daunenplumeau. Das kennen die Damen dort gar nicht! Und als ich Damastservietten sehen wollte, wissense, was die Fachverkäuferin da gesagt hat? «Guckense mal bei ALDI, die haben manchmal welche in der Aktion. Oder über eBai aus China schicken lassen.»

Bei ALDI!

Was denkt die eigentlich, wen die vor sich hat? Eine Renate Bergmann kauft doch nicht bei ALDI. Und schon gar keinen Plunder vom eBai. Die Seite hat mir mein Neffe sowieso gesperrt, seit ich mal versehentlich «Gefällt mir» gedrückt habe und mir jetzt ein Windrad in Oberbayern gehört.

Aber ich verplaudere mich. Was ich Ihnen sagen möchte, ist: schade um die vielen schönen alten Wörter, die heute keiner mehr kennt. Wissense, ich bin die Letzte, die krampfhaft gegen den Einzug von englischen Wörtern in unseren Sprachalltag kämpft. Wenn es passt und jeder weiß, was gemeint ist – warum denn nicht? Ich sage auch nicht Klapprechner, sondern Läpptopp. Alles andere wäre doch albern. Wir Alten müssen ständig neu lernen, da fragt kein Mensch. Das ist selbstverständlich. Dass die jungen Leute heutzutage nicht mehr wissen, was ein Ferngespräch war, was in eine Aussteuertruhe gehört und wie ein Testbild nach Sendeschluss aussieht, das ist doch traurig! Das muss man denen doch mal erklären und als eine Art «Wörterbuch» aufschreiben. Wie sollen sich die Halbstarken denn sonst mit ihren Großeltern unterhalten?

Deshalb habe ich Ihnen hier ein paar Begriffe notiert. Vielleicht hamse ja Lust, ein bisschen in dem zu stöbern, was eine olle Frau Ihnen aufschreibt?

Ich wünsche Ihnen viel Vergnügen!

Ihre Renate Bergmann

Anorak Bei den Jacken gibt es Moden, wie überall. Die von der Industrie erfinden für die immer gleichen Sachen ab und an neue Wörter, damit sie die Preise erhöhen können. Da darf man sich nicht von verrückt machen lassen. Eine warme Jacke bleibt eine warme Jacke – ob sie nun Anorak heißt, Parka oder Mantel. Alles nur Geldschneiderei! Wichtig ist doch, dass man nich friert, oder?

Ich habe für den Winter einen schönen abgesteppten Mantel, eine Übergangsjacke in Beige für die Zeit, wo man nicht weiß, wie das Wetter wird, und Kostümjacken für Feiern, Arztbesuche und Beerdigungen. Wenn es für eine Übergangsjacke zu warm ist, trage ich eine Strickjacke in zartem Mint, man fröstelt ja doch rasch, wenn die Sonne weg ist und es zieht.

Mehr Jacken braucht kein Mensch.

Anrichte Die allermeisten haben eine Anrichte und wissen es gar nicht. Heute heißt das angeblich «Sideboard». So ein Quatsch! Bei Anrichte weiß jeder: Da ist das gute Geschirr drin, die Gläser und die Tischdecken. Also, gewöhnen Se sich Sideboard bitte wieder ab und sagen Se Anrichte, dann müssen Se auch nicht erst nachschlagen, wie man das schreibt.

Eine richtige Anrichte ist stabil und aus echtem Holz gezimmert, nicht aus Presspappe oder Schwedenplaste. Da können Se ruhig das Speise- und Kaffeeservice für zwölf Personen reinstellen, ohne dass die Häkchen ausbrechen, die die Einlegeböden halten, und Ihnen alles zusammenkracht. Solide Handwerksarbeit hält was aus.

Aschtonne Heute hat jeder ’ne grüne Tonne, ’ne blaue Tonne, ’ne gelbe Tonne und was weiß ich noch. Von oben bis unten komplett aus Plaste. Gab’s damals alles nich. Wir hatten eine Aschtonne aus Zink, da kam der ganze Hausmüll rein und die Asche aus den Öfen. Aber nicht die Sekundärrohstoffe wie Glas, Pappe oder Metall.

Das haben die Kinder von den Timurtrupps abgeholt. Die Zinktonne war robust. Darin konnte die Asche ruhig noch ein bisschen weiterglimmen, das machte gar nichts. Die Dinger hielten auch mal einen kleinen Bums aus. Da hätte Kurt, der Mann meiner besten Freundin Ilse, glatt den Kürzeren gezogen mit dem Koyota, wenn er gegen so eine Aschtonne gefahren wäre statt gegen die gelbe Tonne von Schnei… Aber ich habe ihm versprochen, dass ich das nicht aufschreibe, sonst schimpft die Ilse wieder. Es ist ja nichts passiert, man sieht nichts. Den Kratzer am Wagen hat er mit ein bisschen Nagellack ausgebessert.

Aufgebot Soweit ich weiß, gab es das bis vor ein paar Jahren, dass man eine Hochzeit x Wochen vorher anmelden musste und das dann im Schaukasten am Rathaus ausgehängt wurde. Wenn jemand Einspruch hätte einlegen wollen, hätte er sich im Büro melden müssen. Hätte ja sein können, dass der Mann ein Hallodri ist und schon verheiratet. Inzwischen haben die im Amt auch überall Computer und prüfen das sofort nach, da braucht man so einen Blödsinn nicht mehr. Bei mir ist viermal alles gutgegangen, keiner hat gegen das Aufgebot Einspruch eingelegt.

Ich hatte eben ein Händchen bei der Auswahl meiner Männer, ein Heiratsschwindler war nie dabei. Auch wenn der Standesbeamte bei der Zeremonie gefragt hat, ob jemand was gegen die Ehe einzuwenden hätte, meldete sich nie einer. Als ich den Franz geheiratet hab zum Beispiel, stand da ausgehängt am Rathaus: «Franz Hilbert beabsichtigt, Frau Renate von Morskötter, geborene Strelemann, verwitwete Winkler, zu heiraten.» So ein Käse! Als ob das wen was anginge! Wie se sich alle das Maul zerrissen haben, die olle Kannwischern mit ihren Männersocken in den Holzpantinen vorneweg. Aber so waren die Zeiten, was soll man sich aufregen?

Aussteuer Eine Braut war eine gute Partie, wenn der Vater Landbesitz hatte und das Fräulein eine ordentliche Aussteuer. Seit meiner Kommunion habe ich deshalb zu jedem Geburtstag und zu Weihnachten wahlweise Tischtücher, Bettwäsche oder Handtücher bekommen. Die wurden in der → Aussteuertruhe aufbewahrt, bis ich das erste Mal geheiratet habe. Obwohl Krieg war, kam immer was für die Aussteuer dazu, und wenn es nur ein selbstgesticktes Paradetuch für den Handtuchhalter war oder ein halbes Dutzend Leinenservietten.

Vor zwei Jahren hat meine Freundin Gertrud ihrer Enkelin Vanessa hübsche Handtücher geschenkt, mit Rosen bestickt. Das ist bekanntlich zeitlos und kommt nie aus der Mode. Dazu gab's ein paar feine Stücke Lux-Seife, um sie dazwischenzuschieben. Ach, war das ein schönes Präsent! Aber denkense sich, das Mädel hat dem kaum Beachtung geschenkt und die hübschen Tücher nicht mal angeguckt. Die jungen Dinger, die wissen so was gar nicht mehr zu schätzen.

Aussteuertruhe Darin hat man die Sachen aufbewahrt, die im Laufe der Backfischzeit für die Heirat angesammelt wurden. Ich hatte große Angst vor der Truhe, denn es hieß: «Das ist die Truhe von Oma Strelemann», und ich dachte immer, es wäre ihr Sarg. Später, im Krieg und auch danach, haben wir Hühnerküken darin aufgezogen. Als die schweren Zeiten vorbei waren, wurde sie reinegemacht und mit Schrankpapier ausgelegt, und irgendwann bekam meine Tochter Kirsten die Truhe, um ihre →Aussteuer darin aufzubewahren.

Man kann über das Mädel ja sagen, was man will, aber auf ihre Aussteuer gibt sie bis heute Acht. Das liegt natürlich auch daran, dass ich ausschließlich gute Qualität gekauft habe, bei den Handtüchern genauso wie bei der Tischwäsche. Wenn man da auf den Pfennig guckt, muss man sich nicht wundern, wenn das Tafeltuch zippelt. Nee, nee, bei solchen Dingen ist das Beste gerade gut genug. «Wer billig kauft, kauft zweimal», so heißt es doch immer – und das stimmt auch.

Backfisch Heute sagt man wohl «Teenager». Gemeint ist das Alter, wo die Mädels anfangen, den Jungs den Kopf zu verdrehen, und ständig albern kichern. Da wollen sie dann Lippenstift auf den Mund schmieren, die Röcke werden kürzer und kürzer, und dann sind se abends auch immer bei einer Freundin, um mit ihr Schularbeiten zu machen … Und wenn man anläutet, dann weiß die andere Mutti nichts davon, und in Wahrheit sitzen sie in der Eisdiele mit jungen Herren und poussieren rum. Kirsten war ganz schlimm, die konnte man kaum mit dem Lasso einfangen. Kaum war se 14, war sie nur noch mit den Jungs unterwegs. Erst wollen sie die Haare anders tragen, dann wollen sie die Pille, und ab da kann man nur noch hoffen, dass nichts passiert. Gott sei Dank hat sie immer aufgepasst und mich nicht zu einer frühen Großmutter gemacht.

Backpfeife Ach, Vater hat uns Kindern öfters gedroht, wir würden eine auf die Wange gelangt kriegen, wenn wir nicht folgten. Natürlich nur ein kleiner Klaps, keine Schläge. Man darf ja gar nicht laut sagen, dass uns das nicht geschadet hat, dann fallen die antiautoräten … autortat … also die Muttis, die nur Körner essen und ihre Kinder Torben-Jasper und Wiebke-Sophie nennen, gleich wieder um vor Schreck und springen aus ihren Latzhosen.

Aber ganz ehrlich, was meinense, wie wir gehorcht haben, wenn die Mutter drohte: «Wartet nur ab, wenn der Vater heimkommt, dann setzt es eine Backpfeife!» Ich hab nur einmal eine gekriegt, für den Rest meiner Kindheit reichte die Drohung.

Badekappe «Ohne meine Badekappe gehe ich nicht zur ‹Wasserdisco›», wie Gertrud immer sagt. Sie meint damit unseren Aquakurs, wo wir im Schwimmbecken mit einer Gummiwurst zwischen den Beinen zu Musik vom Band und unter der Anleitung von Fräulein Tanja turnen. Zwar leidet die Frisur unter der Kappe, aber wenn das Chlorwasser auf die Haare spritzt, ist es noch schlimmer. Und man hat ja immer welche dabei, die sich kindisch benehmen. Die Frau Krampel zum Beispiel. Die spritzt mich jedes Mal absichtlich nass, nicht nur ein bisschen aus Versehen! Eine furchtbare Person ist das. Da bin ich froh, dass ich meine Badekappe mit den aufgenähten Röschen habe. Ein sehr gediegenes Modell, das macht einen rosigen Teint, und man sieht ganz frisch aus. Das kann nicht jede tragen, aber mir steht es.

Badeofen Wenn früher →Badetag war, wurde der Badeofen mittags angeheizt. Da passten 100 Liter Wasser rein, die mussten für die ganze Familie reichen. Ja, wir freuten uns auf unser Wannenbad die ganze Woche! Gebadet wurde immer sonnabends. Es war schon ein Fortschritt, eine Badestube mit Badeofen zu haben. Zuerst mussten wir am Badetag immer in der Zinkwanne in der →Waschküche baden. Aber eine Plackerei war es auch später noch, mit der Badestube: Holz ranholen, Kohle schleppen, Asche rausnehmen …

Ach, das kann ja keiner verstehen, der nur Warmwasser aus der Wand kennt. Einfach aufdrehen und die Wanne volllaufen lassen? Davon haben wir nicht mal geträumt. Allein was es für ein Problem war, einen Badeofen zu kaufen! Mein Wilhelm hat unseren gegen 15 Quadratmeter Küchenfliesen dritte Wahl und zehn Kilo Spargel eingetauscht in den Sechzigern. Wir waren die Ersten mit gekachelter Badestube im ganzen Haus.

Badetag Einmal im Monat, wenn am Badetag auch Waschtag war, haben wir im Keller in der →Waschküche gebadet. Ach, das war schön, da war es nämlich nicht so schlimm, wenn die Kinder oder die Männer alles vollgespritzt haben. In der Waschküche war der Boden gepflastert, da lief alles ab, und man musste nur zum Schluss einmal fegen. An den anderen Sonnabenden wurde jedoch in der Küche gebadet, als wir noch keine Badestube hatten. Na, die Schweinerei könnense sich kaum vorstellen!

Kirsten hat sich immer gewehrt gegen das Baden wie eine Katze, die man waschen will. Wenn sie längst eingemummelt im Bademantel vor dem Fernseher saß und Schnittchen vom Teller aß, wischte ich immer noch die Küche trocken. Und wie oft war es umsonst, weil Wilhelm so ungeschickt war und die Zinkwanne bald umwarf beim Aussteigen. Dann musste ich noch mal wischen.

Ach, hörense auf. Es war nicht schön. So manches Mal habe ich den Anfang von →*Zum Blauen Bock* verpasst, weil ich noch auf Knien durch die Küche kroch und feudelte, während

Wilhelm das Kind zu Bett brachte und Heinz Schenk schon den ersten Bembel an Johanna von Koczian verteilte.

Baff «Baff» bedeutet: Da fällt mir nichts zu ein. Da fehlen mir die Worte. Da bin ich sprachlos.

Da mach ich's einfach mal kurz, nich? Mehr muss man dazu nicht sagen, das verstehen Se schon.

Bandsalat Heute hat man ja Kassetten oder DCs oder gar die modernen MPs. Mit Strom und Bier. Also Bit. Oder so. Ich kenne mich da nicht so aus. Früher hatte ich jedenfalls ein Tonbandgerät, damit habe ich gern Musiksendungen aus dem Radio oder dem Fernseher aufgenommen und später beim Reinemachen gehört. Anneliese Rothenberger oder Caterina Valente – ach, das war so schön beschwingt! Oder *Wünsch dir doch mal Tanzmusik*, da haben sie manchmal sogar Marika Rökk gespielt, das war dann ein Festtag für mich. Ein Ärger war nur, dass die Bänder immer umgespult werden mussten.

Seit es auf Ilses Geburtstag – ich glaube, es

war der 40. – geklemmt hat und Freddy Quinn statt «Junge, komm bald wieder» immer «Junge, Junge, Junge ...» rief, hatte ich keine Freude mehr an dem Gerät. Der Kurt hat es nämlich repariert, und seitdem war ständig was. Das Band rollte nie wieder so, wie es sollte, und ich musste ein bisschen ziehen, sonst gab es Bandsalat.

Einmal hatte ich beim Fensterputzen die Musik laufen und kein Auge auf das Gerät und dachte noch, Ilse Werner pfeift wohl heute die zweite Stimme, da zerschmirgelte der Apparat mir die ganze Aufnahme. Danach habe ich den Kurt nie wieder was anfassen lassen, wo Strom dran ist.

Barbier Das ist ja auch erst nach dem Krieg aufgekommen, dass die Männer sich selbst rasierten. Manche elektrisch, manche mit Schaum. Meine Männer waren immer Trockenrasierer. Ständig hatte man dann Bartstoppeln im Waschbecken, die aus dem Rasierapparat gefallen waren, nee, was für eine Schweinerei!

Früher gingen die Herren fürs Rasieren zum Barbier. Der hat auch Haare geschnitten und war Friseur, aber gelebt hat er vom Rasieren der Herren. Die legten sich dann in den Stuhl wie wir Frauen heute, wenn wir nach hinten gewaschen werden. Ursula, meine Friseurin, wäscht ja immer noch nach vorn, da müssense den Kopf vornüber in das Becken halten, und manchmal wird einem ganz schwindlig, und sie panscht einem den Nacken nass. Unmöglich! Nach hinten ist viel schöner, Ilses Friseurin wäscht nach hinten. Aber Ursula geht bald in Rente und will nicht mehr investieren, das muss man verstehen. Ilse liegt immer im Stuhl und schnurrt wie ein Kätzchen, während ihre Füße in der Luft baumeln.

Aber wo war ich? Ach ja, beim Barbier. Ja, die waren fast ausgestorben, aber wissense, die Türken und die Araber, die achten ja alle sehr auf ihr Äußeres. Viel mehr als unsere Männer. Durch die kommt das wieder mehr auf, gerade hier bei uns in Berlin sieht man das schon überall, dass die Herren sich wieder rasieren lassen. Manche lassen sich sogar die Nägel machen in den Salons, dazu gibt es dann einen schönen Tee und hinterher eine Zigarre. Da sollten sich unsere Herren mal ein Beispiel dran nehmen!

Beige Ältere Damen tragen ja gern gedeckte, zurückhaltende Farben, nicht so schreiend buntes Dirnenzeug. Brauntöne sind zum Beispiel sehr damenhaft. Ocker, Dunkelbraun, Mokka – da gibt es die verschiedensten Töne. Beige ist das Frühlingsfrisch unter den Brauntönen. Es ist eine Art blasses Braun, müssense sich vorstellen. Bei Männern hat es gar keinen Sinn, denen das zu erklären, für die ist Braun ja gleich Braun. Schnitzelfarben, hat mein Walter immer gesagt, nur verschieden scharf gebraten.

Beischlaf Wenn ich Ihnen das erklären muss, isses nich mehr wichtig für Sie. Lesense einfach weiter.

Bettumrandung Wenn man sich umguckt heutzutage, wie die jungen Leute schlafen … nee! Das geht auf keine Kuhhaut. Teilweise auf der Couch in der Wohnstube. Und wenn se eine Schlafstube haben, dann ist das Bett ganz tief auf der Erde, dass man gar nicht hochkommt, und überall Teppich.

Das war früher auch anders. Da hatten wir

ordentliche Ehebetten mit Stahlfedern und darauf schöne feste Matratzen. Teppichboden oder Auslegeware war viel zu teuer. Es gab Linoleumboden, den konnte man feucht wischen und auch scheuern. Jeden Sonnabend (wir haben auch nicht «SAMSTAG» gesagt!) wurde gefeudelt, dann sammelte sich auch kein Staub. In einem ordentlichen Haushalt hat Staub keine Changse. Drum rum um das Bett hatten wir eine Bettumrandung. Eine Bettumrandung besteht aus drei →Bettvorlegern. Das sind Läufer; ein langer am Fußende und zwei kürzere an den Seiten.

Ach, meine Bettumrandung ist wunderhübsch. Ein Orientmuster in Perserrot. Die halte ich in Ehren, und die Fransen bürste ich jeden Morgen und achte darauf, dass man beim Gehen nicht dranstößt. Nicht nur, weil man sonst stolpert – sie würde auch leiden. Das wäre ein Jammer. Meine Bettumrandung hat mir Olga Steinke 1962 geschenkt, aus dem Nachlass ihrer Mutter, die war da noch wie neu. Zweimal im Jahr kommt sie raus auf den Hof, und ich dresche sie mit dem →Teppichklopfer richtig reine. Wenn man sich mit seinen Sachen in Acht nimmt, halten sie auch lange.

Bettvorleger Lesense bei →Bettumrandung. Das ist im Grunde das Gleiche, eine Bettumrandung besteht aus drei Bettvorlegern.

Binder Binder ist das Gleiche wie Schlips oder Krawatte. Manche sagen auch «Kulturstrick». Es gibt Männer, die tragen gern Binder. Mein Wilhelm zum Beispiel hat sich sehr gern schick gemacht und auch einen Schlips umgebunden. Der Franz hingegen mochte das gar nicht, der hat immer ganz theatralisch nach Luft geschnappt und so getan, als würde er mit dem Ding um den Hals ersticken.

Blasentee Ich hatte es ja schon als Mädel so mit den Nieren! Deshalb kann ich es bis heute nicht mit ansehen, wenn die jungen Dinger rückenfrei rumlaufen. Wissense, da werden die Pullis viel zu klein gekauft, weil se alle denken, sie wären wer weiß wie schlank, und ein Hemdchen wird gar nicht erst angezogen … Und wenn hinten der Schlüpfer rausguckt, dann ist das nur eine dünne Strippe …

Aber ich wollte was ganz anderes schreiben.

Ja, ich hatte so mit den Nieren zu tun. Mutter hat mir immer Blasentee gebrüht, aus Brennnesseln. Die kann man gut selber sammeln, da muss man kein Geld für ausgeben! Brennnesseltee treibt und spült die Nieren schön durch. Wenn Sie eine Befindlichkeit haben mit schneidendem Wasser – probieren Sie das mal. Ich schwör darauf.

Blümchenkaffee Das mit dem Kaffee ist so eine Sache: Früher, gleich nach dem Krieg, gab es keinen, da machten wir uns Ersatzgebräu aus Lupinen und Löwenzahnwurzeln. Zu DDR-Zeiten hat die Lurke nicht geschmeckt, und heute, wo er so fein schmeckt, darf ich keinen mehr. Nur morgens eine Tasse und nachmittags Pfefferminztee oder Schonkaffee. Oder man macht ihn so dünn wie Else Bleichert aus dem «Witwenclub», die ist nämlich sehr geizig.

Wissense, ich nehme pro Tasse einen gut gehäuften Kaffeelöffel und noch einen extra für die Kanne. Man will ja das Aroma auch schmecken, nich? Else macht immer bloß knapp gestrichene Löffel rein und dann auch nur vier auf sechs Tassen. Das gibt dann Blümchenkaffee, weil man nämlich das Blümchenmuster auf dem Boden der Tasse durch den Kaffee sehen kann. Nee, ein fürchterliches Gebräu ist das! Und dabei darf sie Kaffee, SIE hat kein Verbot von der Dokterschen! Versteh einer die Leute, manchmal kann man nur den Kopf schütteln.

Blumenkind Wenn früher geheiratet wurde, dann mit ganz großem Bahnhof. So 'ne Ehe war ja in der Regel auf Dauer angelegt, und man heiratete nur einmal. Grinsen Se nich so, ich kann mir schon denken, was Sie sagen wollen: Die Bergmann erzählt uns was von «bis ans Ende unserer Tage», und dabei hat sie selbst viermal geheiratet. Jawoll! Aber was sollte ich denn machen, wenn die Herren einer nach dem anderen weggestorben sind? Es war bis ans Ende ihrer Tage. Nicht meiner, aber der der Gatten. Scheidung hätte es bei mir nicht gegeben.

Na ja, jedenfalls wurde mit der ganzen →Mischpoke geheiratet, ganz groß mit Buffet und Tanz am Abend. Einfach so, still und heimlich – das gab es eher selten. Zur Hochzeitsgesellschaft gehörten selbstverständlich auch Blumenkinder, die vor dem Brautpaar in die Kirche oder in das Standesamt schritten und Blümchen streuten. Meist ging das schief, denn die kleinen Racker waren aufgeregt und hatten Angst, weil so viele fremde Leute da waren, oder die Mutti verwirrte sie mit ihrem Gerupfe und Gezupfe am Kleid die ganze Zeit. Dann kippten die den ganzen Korb mit Blüten auf einen Haufen und rannten weg. So hat es Kirsten jedenfalls immer gemacht. Sie wurde immerhin zweimal als Blumenmädchen eingesetzt, damit hatte sie ihre Karriere in diesem Geschäft vermasselt.

Bohnenkaffee Wenn schon Kaffee, dann richtig, sage ich immer. Ich darf nur eine Tasse pro Tag, da will ich auch was haben vom Aroma. Mir kommt da keine Milch rein. Und bevor ich Schonkaffee trinke mit keinem Koffein drin, na, da mache ich mir lieber einen Tee. Mein Walter durfte in den letzten Jahren auch keinen Bohnenkaffee mehr. Der hat immer ganz traurig gesagt: «Entkoffeinierter Kaffee ist wie ein BH auf der Leine – das Beste darin fehlt.»

Morgens brühe ich mir meine eine Tasse

Bohnenkaffee, die ich darf. Ich trinke sie, während ich die Traueranzeigen in der Zeitung lese. Das ist die schönste halbe Stunde vom ganzen Tag. Ich mahle den Kaffee auch selbst, wissense – Krönung hin oder her, was die einem da ins Pulver rühren, weiß doch kein Mensch. Ich hab nach dem Krieg im Feinkostladen von Wöckerts geholfen, ich kenne die Tricks und weiß, was wir da alles reingerührt haben. Da ist mehr Dreck drin als in Leberwurst. Nee, nee, einer Renate Bergmann macht keiner was vor!

Bräsig Hm, ich glaube, das Wort kann man nicht gut erklären. Wenn jemand dickköpfig ist und muffelig, wenn er gar nicht auf andere eingeht und sich selbst sehr wichtig nimmt, das ist bräsig. Wie der olle Kohlenhändler auf der Thälmannstraße in Karlshorst. Das ist ein bräsiger, brubbeliger oller → Zausel. Wenn man bei dem war und Kohlen bestellen wollte, dann war man immer ganz eingeschüchtert. Gott sei Dank habe ich heute Solargasheizung und muss nicht mehr zu ihm. Ich weiß auch gar nicht, ob der noch lebt.

Bratkartoffelverhältnis Heute leben se ja fast alle in wilder Ehe, und keiner stört sich dran. Früher hat man da mehr auf Sitte und Anstand geachtet. Ich sage Ihnen das ganz offen: Ich habe nie einen Mann geküsst, mit dem ich nicht auch verheiratet war. Eine Renate Bergmann achtet auf ihren Ruf. Die Meiser bei mir im Haus dagegen, herrje! Die poussiert alle paar Wochen mit einem anderen Herrn rum, und die machen bestimmt noch ganz andere Sachen als nur küssen. Loses Weibsbild!

«Bratkartoffelverhältnis» hat man das zu meiner Jugendzeit genannt, wenn ein Paar in wilder Ehe lebte. Seinerzeit ging es vielen Herren ja nur darum, bekocht und versorgt zu werden – und sei es mit Bratkartoffeln.

Wenn die gut gemacht sind, ist das eine Delikatesse. Aber ich schweife ab: Die Herren in solchen Beziehungen hatten manchmal gar keine ernsten Absichten. Nach dem Krieg haben viele Witwen auch nicht neu geheiratet, weil sie ihre Witwenrente nicht verlieren wollten. Dann ist es bei solchen ungeordneten Verhältnissen geblieben. Das kam für mich aber nie in Frage!

Bräuteschule Bevor ein →Backfisch heiraten konnte, musste er auf die Bräuteschule. Es ging ja nicht, dass ein Mann ein Mädel zur Braut nahm, das nicht kochen konnte oder im Haushalt nicht auf Zack war. In der Bräuteschule lernten wir Fisch ausnehmen, Spargel schälen und wie man Sauerbraten macht.

Inzwischen gehen die jungen Dinger ja völlig unvorbereitet in die Ehe und müssen dann jeden Abend Tütensuppe warm machen oder Pizza bestellen. Fenster putzen se auch nur einmal alle Jubeljahre und dann auch nur die Scheiben, und auf den Rahmen klebt der Fliegendreck. Nee, es ist unverantwortlich, wie man die Mädelchens heutzutage ins Leben entlässt. Die können zwar Englisch oder lernen in Chemie, wie man Bomben baut, aber wie man ein Huhn ausnimmt oder wie Kreuzstich geht, das wissen se nicht. Da muss man sich nicht wundern, wenn es mit dem Land immer weiter bergab geht.

Brautstrauß werfen Dieser hübsche Brauch stirbt leider auch zunehmend aus. Das ist ein schönes Ritual: Abends, bevor sich das Brautpaar zur

Hochzeitsnacht von der Feier zurückzieht, wirft die Braut den Brautstrauß. Alle unverheirateten Damen stellen sich auf, die Braut dreht ihnen den Rücken zu und wirft den Strauß. Wer ihn fängt, ist mit dem Heiraten als Nächste dran, so will es die Tradition.

Letzthin war ich auf einer Beerdigung, da hatten es die Bestatter so eilig, dass sie sich die Kränze vom Wagen zuwarfen, damit es schneller geht. Sehr pietätlos, und ich dachte so bei mir, Renate, geh bloß zur Seite, nicht, dass du aus Versehen so ein Ding fängst und dann auf dem Friedhof die Nächste bist.

Brieffreundin Sie haben doch bestimmt alle Fäßbock, oder? Da schreiben Se dann alle mit Ihren Freunden oder Bekannten. So war Brieffreundschaft auch, nur dass die Post an jeder Nachricht verdient hat, weil man alles als Brief schicken musste. Es dauerte ein bisschen länger, aber im Grunde haben wir da ebenfalls Fotos getauscht und uns eingeladen, es war nichts anderes als der Fäßbock.

Auch was das Mitlesen angeht; die Stasi hatte

ja überall ihre Nase drin. Ich hatte eine Brieffreundin in Leningrad. Die war bei der sowjetischen Staatsbahn und die Deutsch-Sowjetische Freundschaft hat das vermittelt, wegen der Völkerverständigung und so. Gucken Se nich so, das war nix Schlimmes. Die Merkeln war da auch drin. Ludmilla und ich haben uns einmal im Monat geschrieben. Zu Weihnachten und zum Geburtstag gab's sogar kleine Päckchen. Sie schickte Parföng, das sehr schwer war und widerlich roch, und ich ihr selbstgebrannten Korn. Als sie zurückschrieb, dass sie den als Farbverdünner hergenommen hat, habe ich den Briefwechsel einschlafen lassen. Frechheit! Mein schöner Korn!

Brockhaus Bevor man im Händi alles nachschlagen konnte bei diesem Wickipeter, da musste man alles in dicken Lexika nachlesen. Das könnense sich kaum noch vorstellen, was? Wir hatten eins noch von Onkel Hoppe, das war von Brockhaus. Das waren tatsächlich 24 Bände – wenn ich mich recht entsinne, hatten Q und X nur wenige Einträge und keinen gesonderten

Band, dafür gab es für S und Sch zwei. Ach, die meiste Zeit über standen die Dinger nur in der Schrankwand, sonnabends habe ich sie immer abgestaubt.

Ilse hat oft angerufen, und ich musste für sie Flüsse nachschlagen für ihr Kreuzworträtsel. Als Kirsten Pubertät hatte, war der Band von Pa bis Ri lange verschwunden, und ich habe ihn erst Wochen später unter ihrem Bett gefunden. Ich glaube, sie hat die männlichen Geschlechtsorgane nachgeschlagen. Später haben auch immer die Seiten mit den Unterhosen aus dem Quellekatalog gefehlt. Nee, das Mädel!

Bückware Es wird ja immer ein bisschen so dargestellt, als ob es in der DDR gar nichts gegeben hätte und wir den ganzen Tag für Brot und Milch Schlange stehen mussten. Das ist Quatsch! Wenn ich so einen Blödsinn höre oder lese, kriege ich rote Pusteln, so rege ich mich dann auf. Das Notwendigste gab es immer und zu jeder Zeit. Wenn man aber was Besonderes wollte – also Apfelsinen statt Äpfel oder Schweinefilet statt Schnitzel –, war das sogenannte Bückware. Weil die guten Sachen so knapp waren, kamen sie gar nicht in die Auslagen, sondern wurden von den Verkäuferinnen unterm Ladentisch für besondere Kunden verwahrt. Für Kunden, die ihnen eine Gegenleistung bieten konnten.

Die Fleischverkäuferin Frau Schlurfert zum Beispiel hat mit ihrem Mann ein Haus gebaut, damals in den siebziger Jahren. Dafür brauchten sie Fliesen. Da mein Franz einen Freund hatte, der im Fliesenwerk arbeitete, konnte ich helfen. Immer wenn ich freitags in den Laden kam und nach Schnitzel fragte, zwinkerte Frau Schlurfert mir zu, bückte sich und holte ein Stück Schweinefilet von unterm Ladentisch vor. Daher kommt der Name «Bückware».

Damengedeck Mit so was habe ich mich nie abgegeben. Damengedeck, lächerlich! Wenn man in Gesellschaft saß, bestellten die Damen ein Gläschen Sekt und dazu ein Wasser oder einen Saft, damit ihnen der Sekt nicht zu Kopfe stieg. Das →Herrengedeck bestand aus Bier und dazu einem Schnaps – Korn oder Weinbrand, je nach Geschmack. So einen Firlefanz habe ich noch nie mitgemacht, ich trinke Sprudelwasser und Korn. Wie die das nennen, ist mir schnurzpiepegal.

Damenwahl Ach, was haben wir gefeiert früher! Wenn bei Willy Schmack Tanz war, dann ging es hin. Am schönsten war Damenwahl. Dann durfte man auch als Frau mal aufstehen und sich den feschsten Herrn zum Tanz holen. Sonst haben ja immer die Kavaliere die Damen aufgefordert. Wenn Se Pech hatten und bei der Kreuzpolka kam der hinkende Siegfried vom Poscherthof, na, dann brauchten Se aber ein Blasenpflaster am nächsten Tag! Es sind ja so viele Männer im Krieg geblieben, und was übrig war, das hinkte oder schielte, oder es hatte andere Gründe, weshalb die gar nicht erst eingezogen worden waren. Da durfte man nicht wählerisch sein.

Aber wenn Damenwahl war, dann gab es ein Hauen und Stechen, Sie machen sich ja kein Bild davon, wie Frauen sein können, wenn es um einen Mann geht. Da vergessen die aber jegliche Form von guter Kinderstube. Alle wollten mit

Gustav Potter tanzen. Gustav war ein fesches Mannsbild mit stahlblauen Augen, er schielte nicht und hinkte nicht, und auch sonst war alles tipptopp. Ich hatte damals gerade den Korn eingegossen und wollte nicht kleckern, als der Kapellmeister «Damenwahl!» rief. Während ich noch die Flasche zuschraubte, rannte die Gertrud schon wie von der Tarantel gestochen los … Sie hat ihn jedenfalls gekriegt, und die beiden waren 48 Jahre glücklich verheiratet.

Dauerlauf Heute sagen se «Jogging» und rennen los mit rosa Hosen und Schuhen, die bald mehr kosten als die halbe Rente. Und trotzdem sind se nach zwei Kilometern aus der Puste und können nicht mehr. Wir haben früher «Dauerlauf» gesagt und sind mit den alten Sporthosen in den Wald. Ach, das war schön!

Wissense, heute muss ich ab und an den Rollator nehmen, gerade wenn es im Winter glatt ist. Aber bis ich Mitte 60 war, bin ich beim Volkslauf mitgerannt. Bei uns Omis kam es ja nicht auf das Tempo an, da gab es fast keine Starterinnen in der Altersklasse. Mit 66 hat dann die Zeitung über «die rennende Rentnerin aus Berlin» geschrieben. Nee, das war mir wirklich zu unangenehm. Ich habe es dann gelassen. Damals ist auch der Franz gestorben, und bald darauf habe ich den Walter kennengelernt. Der Walter hatte einen Garten, da hatte ich genug Bewegung und brauchte keinen Dauerlauf mehr.

Dauerwelle Als die Dauerwelle aufkam, ach, da wollten wir alle eine! Die Brennschere machte einem ja nicht nur das Haar kaputt, ich habe heute noch Narben auf der Kopfhaut. Ariane, die Frau von meinem Neffen Stefan, hat mir neulich die Wickler eingedreht und meinte, ich hätte da einen Pfeil wie ein gewisser Harry Potter. Wie haben wir uns damals malträtiert, nur um schön zu sein für die Männer.

Wasserwelle war nie was für mich. Wissense, ich habe so feines Haar, da reichten fünf Minuten bei Nebelluft, und die schönen Locken für neun Mark von der Ursula waren dahin. Nee, Dauerwelle ist eine feine Sache. Man will doch manierlich aussehen auf dem Kopf, nicht wahr? Aber es gibt da auch Unterschiede. Zu DDR-

Zeiten waren die Locken viel kräftiger und krauser. Heute machen sie bloß noch milde Chemie rein, die ist sanfter zum Haar und schädigt nicht so. Dafür hält das dann auch nur ein paar Wochen. Ach, die verstehen schon ihr Geschäft und wissen, wie sie es anstellen müssen, damit man wiederkommt und Geld ausgibt.

Meine Frisiermeisterin Ursula geht nächstes Jahr in Rente und ist mit dem Kopf manchmal schon ganz woanders. Die merkt sich immer nicht, mit welcher Marke sie mich eingedreht hat und wie lange es wirken muss. Letzthin hatten wir das Zeug viel zu lange drauf, das Haar wurde ganz spröde, und ich bin sechs Wochen lang rumgelaufen wie Rudi Völler.

Diaabend Manchmal bin ich wirklich froh über die neue Zeit. Heute macht man Fotos mit dem Händitelefon, und dann guckt man sie an, und einmal im Monat spielt der Stefan sie mir auf den Computer. Früher hat mein Wilhelm immer Dias geknipst. Ich sage Ihnen, das war ein Theater! Nee, nee.

Erst mal konnte er nicht gut knipsen, und

überall fehlten die Köpfe. Dann wurde der Film ewig nicht voll, und wenn er ihn hat entwickeln lassen, wusste schon keiner mehr, was er eigentlich geknipst hatte. Die Hälfte der Bilder war so verwackelt, dass man sie nur wegschmeißen konnte. Als Nächstes musste alles zerschnipselt und in Fotorähmchen gebastelt werden, und wenn es endlich fertig war, kam ein Laken an die Wand, und es sollte losgehen. Meist war dann aber das Birnchen vom Gerät kaputt, oder es stank so nach verschmortem Staub, dass keiner mehr Lust hatte. Bis es dann endlich losging mit dem Diaabend, mussten die Ersten schon wieder pullern, oder die Erdnussflips waren alle. Diaabende waren schrecklich, und mal ganz offen: Es gibt doch auch nichts Langweiligeres, als sich 50 Bilder vom Meer anzugucken oder 80 von Babys, die alle gleich aussehen und sich nur in der Stramplerfarbe voneinander unterscheiden.

Donnerbalken Als wir noch keine Spültoilette hatten im Haus, da mussten wir raus auf den Hof auf den Donnerbalken. Das war ein Toilettenhäuschen mit einem Herz in der Tür ohne Wasserspülung. Da plumpste dann alles so runter … Deshalb sagte man auch «Plumpsklo» dazu.

Das ist kein schönes Thema, deshalb halte ich mich hier kurz, Sie sind ja im Bilde.

Draußen nur Kännchen Das regt mich ja schon auf, wenn ich nur dran denke! Das ist ja heute noch so, teilweise. Da will man nachmittags schön gemütlich ein Stück Erdbeertorte essen und auch mal sündigen und dazu eine Tasse Bohnenkaffee trinken – und dann heißt es: «Draußen nur Kännchen.» So viel Kaffee vertrage ich nun wirklich nicht gut, da kann ich des Nachts nicht schlafen. Außerdem kostet das Kännchen dann 4,80 Euro. Die sind doch so unverschämt mit ihren Preisen, da fällt einem nichts mehr zu ein.

Aber eine Renate Bergmann ist nicht so leicht zu betuppen. Ich habe immer eine Thermoskanne dabei, schon falls es auf einer Beerdigung mal Korn gibt und keiner seinen trinken will. Ich fülle die zweite Tasse dann einfach in meine Thermosflasche und trinke sie am nächsten Morgen. Das bleibt prima warm. Wenn ich mit Gertrud unterwegs bin, hat sie immer eine Tasse dabei, und wir teilen uns das Kännchen. Die sollen ruhig versuchen, die Leute abzuzocken – ich bin auf alles vorbereitet und lasse mir das nicht gefallen.

Durchgangszimmer Man wohnte doch viel beengter früher. Nach dem Krieg war so viel zerstört, Sie haben ja gar keine Vorstellung davon, wie viele Häuser weggebombt waren. Überall herrschte Wohnungsnot. Wohl dem, der ein Dach über dem Kopf hatte. Da wurde jede Kammer vermietet und sogar Durchgangszimmer.

Meine Freundin Gertrud lebte damals in so einem Durchgangszimmer in Köpenick. Wenn ihre Vermieterin des Nachts mal austreten musste, tappte sie mit dem Nachtlicht durch Gertruds Stube durch. Auch morgens, wenn Gertrud eigentlich hätte ausschlafen können. Was meinense, wie schwierig es war, da einen Mann kennenzulernen? Sie haben ja keine Vorstellung. Ach, es ist ein Wunder, dass Gertrud ihren Gustav abbekommen hat. Wenn er sich zu ihr hochschlich, verbrachte er mehr Zeit im Kleiderschrank als in ihrem Bett.

Ich hatte Glück, ich bin mit meinem Otto bei Mutter Vettschau in der Turmstraße untergekommen. Wir hatten ein abgeschlossenes Zimmer für uns. Viele wohnten jedoch im Durchgangszimmer und waren selbst darüber noch froh. Die Wohnungsknappheit hielt bis weit in die siebziger Jahre an. Da waren Gertrud und Gustav allerdings schon lange verheiratet und hatten eine eigene Wohnung durch →Ringtausch gekriegt. Ach, fragense nich …

Familie Hesselbach Das war noch Fernsehen! Wenn *Familie Hesselbach* lief, da durfte mich keiner stören. Das war noch schwarz-weiß, und da habe ich es mir gemütlich gemacht vor dem Fernseher; das war vor *Denver-Clan* meine Lieblingsserie. Die Hesselbachs waren ohne Mord und Totschlag. Das Schlimmste, was da passiert ist, war, dass der Sekretärin die Blumenvase umgefallen oder dass Mama Hesselbach der Sonntagsbraten ein bisschen angebrannt ist. Dann bekam

Mama Hesselbach einen Schreck und rief nach ihren Drobben. Sie babbelte immer was von «Drobbe», aber das hat ja kein Mensch richtig verstanden. Ich denke, das muss so was gewesen sein wie ihr Korn.

Feierabendheim Statt Altersheim sagten manche Leute früher «Feierabendheim». Das sollte netter klingen, aber im Grunde meint es dasselbe. Ich mag das Thema nicht, deshalb mache ich es kurz. Kirsten kommt mir für meinen Geschmack viel zu oft mit Prospekten von solchen Heimen an. Ach, lassense uns lieber an was anderes denken.

Fernsehballett Ohne Fernsehballett keine schöne Sonnabendabend-Sendung, da könnense sagen, was Se wollen. Höchstens wenn Helene Fischer singt, das kann ich eventuell noch durchgehen lassen.

Ach, was hat das Fernsehballett immer hübsch getanzt! Schöne Kostüme und schmissige Musik, das hab ich immer gern geguckt und meine Männer erst recht. ALLESAMT! Oft hatten die Damen ja nur einen Badeanzug an, ganz hoch geschnitten an den Hüften, und sonst nur Federn auf dem Kopf. Und Beine hatten die, du lieber Himmel! Die gingen bis hoch unter die Brust.

Heute sieht man das Fernsehballett leider immer seltener. Aber die Damen werden eben auch nicht jünger. Ich war lange Zeit Funkenmariechen im Karnevalsverein, aber wenn man über die 60 ist, wird es schwieriger, die Beine so hoch zu schwingen, glaubense mir das. Und sehen will einen auch keiner mehr.

Fernsehtruhe Lange hatten wir ja kein Fernsehen, erst irgendwann in den sechziger Jahren hat der Wilhelm, mein zweiter Mann, einen gekauft. Für Fußball, auf Abzahlung. Ich war erst sehr dagegen. Schulden machen für einen Fernseher? Aber dann zeigten sie *Nachts im Grünen Kakadu* mit Marika Rökk, und von da an war ich begeistert. Das war noch nicht so mit Fernbedienung und «Knips, ist das Zweite bunt», nee! Wir hatten einen Stromregler vorgeschaltet, der zeigte Wechselstrom an, und dann musste das

Gerät direkt am Knopf bedient werden. Nicht vom Sessel aus. Man musste noch richtig aufstehen.

Zwar gab es nur zwei Programme, aber da liefen dann mehr interessante Sendungen als heutzutage auf allen 60 Sendern zusammen, das sag ich Ihnen. Der Fernseher war ein riesiger Klotz, und wir hatten ihn im Wohnzimmer in einer Fernsehtruhe stehen. Das war ein spezieller Schrank für den Apparat, da kam dann nach und nach immer mehr Technikzeug dazu. Erst ein Radio, und später hatten wir sogar einen Plattenspieler.

Feudel Es geht nichts über einen Schrubber und einen Feudel, wenn man es richtig reine kriegen will. Wie, den kennense nicht? Aber Scheuertuch schon, oder? Bleiben Sie mir weg mit diesen neumodischen Klickbesen oder Lappen, die angeblich zehnmal so viel aufsaugen, wie sie wiegen. Wenn es richtig dreckig ist, muss man einfach auf die Knie und scheuern. Dem Dreck ist es piepegal, wie teuer der Lappen war.

Ich nehme alte Kleidungsstücke und zerschneide sie, die tun noch prima ihren Dienst als Putzlumpen. Mit meinen Schlüpfern kann ich auch prima feudeln, nicht wie mit den Schnüren von der Berber von nebenan. Mit den Fäden könnense bestenfalls die feinen Zwischenräume am Geländer auspolieren. Nee.

Flimmerkiste Zum Fernsehapparat haben wir immer «Flimmerkiste» gesagt. Die neuen Geräte haben wirklich ein schönes, klares Bild, aber als sie noch schwarz-weiß waren und so dicke Röhren hatten, da flimmerten sie ganz heftig. Die Geräte waren auch nicht so flach wie heute. Mein Kater lag immer gern oben auf dem Fernseher und wärmte sich, wissense, die Röhren haben ja fast mehr geheizt als der Kachelofen. Weil es so flimmerte, hatten wir immer ein Fernsehlämpchen auf dem Apparat stehen. Das schonte die Augen. Damit es keine Ränder auf der Flimmerkiste gab, legte ich gehäkelte Deckchen drunter. Wunderhübsch sah das aus, und so ein Deckchen ist übrigens rasch gehäkelt. Das ist immer ein schönes Geschenk, das jedem Freude macht.

Flotte Lotte Als man noch nicht alles fertig im Glas gekauft, sondern viel selbst eingekocht hat, da brauchte man die flotte Lotte. Damit püriert man Äpfel zu Apfelmus. Wissense, es geht nichts über selbstgekochtes Apfelmus! Die Ilse und ich kochen im Sommer immer Dutzende Gläser ein. Kurt und Ilse haben einen prächtigen Klarapfelbaum im Garten, der trägt so schöne große Früchte, die sind saftig und süß, ach, herrlich! Da braucht man fast keinen Zucker dranzutun.

Bei Äpfeln muss man auch keine Angst haben, dass der Kurt sie mit irgendwas verwechselt, und kann sie ohne Angst und mit Appetit essen. Die Früchte werden nur gewaschen, entkernt und erhitzt, dann wird alles fein durch die flotte Lotte gedreht und eingekocht. Da hat man den ganzen Winter was Frisches auf Vorrat, ganz ohne Chemie, und gespart hat man auch noch.

Frisierkommode Wenn ich sehe, wie die Damen heute auf die Straße gehen, dann wundere ich mich nicht, dass sie keine Frisierkommode mehr kennen. Die Haare wild wie ein Rosettenmeerschweinchen, nee! Ich bin mein ganzes Leben lang nicht mal zum Briefkasten gegangen, ohne mich vorher zu frisieren. Die Frisierkommode steht in der Schlafstube. Es ist ein Tisch mit Spiegel, und auf der Holzplatte liegen alle Utensilien, die eine Dame so braucht, um sich ausgehfein zu machen. Bürste, Haarwickel, ein paar Hutnadeln, ein bisschen dezenter Puder und ein Parfümzerstäuber. In der Handtasche habe ich ja immer mein 4711 und mein Tosca in der Reisegröße und auch Erfrischungstücher. Ich würde nie das Haus verlassen, ohne mich vorher an der Frisierkommode herzurichten.

Füllfederhalter «Kuli versaut die Handschrift», das hat meine Mutter schon immer gesagt. Und recht hatte sie! Was ist das für ein unflätiges Geschmiere, kaum dass man es erkennen kann, wenn einer einen Brief mit Kuli schreibt. Gerda Stein, die Nachbarin von meiner Freundin Ilse, die ist so eine. Die kritzelt ihre Weihnachtskarten immer mit Kugelschreiber. Unmöglich!

Ich habe noch mit Griffel und Schiefertafel

schreiben gelernt, und was war das für ein Festtag, wenn wir den Federkiel benutzen durften. Tinte war ja teuer. Ein Fässchen kostete bei Krämer Peschel acht Pfennige, da durfte nicht mit geaast werden. Mutti hat es eingeteilt. Außerdem hätte es einen Satz heiße Ohren gegeben, wenn ich meine Kleider damit bekleckert hätte. So nahm ich mich automatisch in Acht und schrieb besonders schön und vorsichtig. Das schleift sich ein, ein Federhalter macht bis heute eine schöne Handschrift.

Fußpflege Das muss einfach sein, gerade wenn man Diabetikerin ist wie ich. Ich habe extrem trockene Haut an den Füßen und muss zwischendrin ab und an mal ein Fußbad machen, sonst reiße ich mir mit den Schrunden die ganzen Strumpfhosen kaputt.

Meinen Walter hab ich immer nur mit Mühe in den Salon locken können, alle vier Wochen. Der war so kitzelig und kam ständig mit neuen Ausreden an. Der hatte so feste und lange Nägel, da hätte fast schon der Hufschmied rangemusst. Ständig hat er die Socken kaputt gerissen mit seinen Zehennägeln. Aber Fußpflege? Nee. Lieber hätte er die Schuhe eine Nummer größer gekauft, als freiwillig zum Nägelbeschneiden zu gehen. Männer! Aber dem hab ich's gezeigt, ich habe ihm das Bier rationiert. Was meinense, wie brav der in den Salon getrabt ist nach drei Tagen.

Gabelfrühstück Letzthin sollte ich zu Stefan und seiner Ariane zum Essen kommen. Es hieß: «Tante Renate, sei mal um zehn hier, wir machen BRANSCH.» Ich habe dann im Interwebs nachgeschlagen und gelernt, dass man es BRUNCH schreibt. Man isst spät Frühstück, es gibt Sekt und Rührei auf Stulle. Wissense, das bringt mich als Diabetikerin ganz durcheinander. Ich muss schließlich meine Medikamente rechtzeitig einnehmen, nich wahr? Gott sei Dank habe ich immer ein paar Kekse und meinen Korn in der Handtasche, damit ich nicht unterzuckere.

Hätte Stefan gesagt, es gibt Gabelfrühstück, dann hätte ich gewusst, woran ich bin. Aber es müssen ja immer neue Wörter sein, damit es auch ja wichtig klingt. Hörense mir auf.

Gedeckte Farben Wie se heutzutage alle rumlaufen, nee! Schreiend bunt die Blusen und Röcke und am liebsten noch eine Nummer zu klein. Man kann es gar nicht mit anschauen. Früher hatten wir ein Sonntagskleid, das war ein bisschen farbenfroher. Aber nich so bunt wie von einer Dirne. Nein, ein zartes Rosé vielleicht oder auch gern geblümt. In der Woche trug man gedeckte Farben, auf denen man nicht jeden Fleck gleich sah. Waschmaschine hatten wir ja auch nicht, wir haben die Wäsche im Kessel im Keller gekocht und dann im Zuber gespült. Da überlegte man sich dreimal, ob ein Kleid wirklich dreckig ist oder ob es nicht doch noch geht.

Da kommt das auch her, dass man früher mehr →Kittelschürzen getragen hat. Damit schonte man nämlich die guten Sachen, so kam nichts dran. Die Schürzen konnte man schnell mal auf dem Herd auskochen. Später waren sie dann aus Dederon, das kann man sogar im Handwaschbecken rasch durchspülen, und es trocknet wie im Flug. Allerdings ist das auch nötig, man schwitzt in dem Zeuch nämlich wie ein Iltis.

Gemächt Jetzt müssense mir aber versprechen, dass Sie das nicht in Gegenwart von Kindern lesen und am besten erst abends vor dem Zubettgehen. Abgemacht?

Also, Gemächt haben wir früher, als alles noch nicht so frei und offen war … also, da hat man zu dem, was den Mann zum Manne macht, «Gemächt» gesagt. Oder auch «sein Patengeschenk». Sie wissen schon. Ach, es ist mir unangenehm. Jetzt lachense bestimmt darüber, wie eine alte Frau um dieses Thema rumstammelt. Stefan, schreib du mal: «Pullermann».

So, nun isses raus.

Grammophon Ich darf gar nicht drüber nachdenken, wie viel Geld ich im Laufe der Jahre schon für Musik ausgegeben habe. Es ging ganz früher los mit Schelllackplatten für das Grammophon. Dann kam der Plattenspieler. Wir haben mal im Intershop eine Peter-Alexander-Platte gekauft und auf der Hutablage liegenlassen in den Siebzigern. Das war noch mit Franz, meinem dritten Mann. Ja, und dann brannte die Sonne drauf, und als wir die Platte abspielen wollten, mussten wir feststellen, dass sie ganz schief war. Sie leierte, und bei «Die kleine Kneipe in unserer Straße» klang es, als ob Peter Alexander ein lautes und langes Bäuerchen macht. Man konnte das beileibe nicht gut mit anhören.

Ich habe sie dann beim Kirchenbasar eingetauscht gegen Armaturen für die Badestube. Später kamen dann Tonband und Kassette und DCC … CD. Heute ist ja alles mit MPs aus dem Internetz, fragense nicht. Es ist verrückt, sogar der Koyota von Ilse und Kurt kann Helene Fischer spielen und mein Telefon auch.

Gute Stube Ilse und Kurt haben heute noch eine gute Stube. Die wird nur zu besonderen Anlässen betreten, aber jede Woche geputzt. Die wird auch nur zweimal im Jahr geheizt, deshalb sind da Stockflecken an der Decke, und die Tapete löst sich ab, weil die Feuchtigkeit durchs Mauerwerk zieht. Es ist zum Kopfschütteln, Ilse und Kurt haben mit den Kindern zu viert in der Schlafstube gelegen, bis der Wolfgang 17 wurde und in die Lehre ging, aber die gute Stube stand leer. Nun ja, das war damals eben so, das kann man heute nicht mehr verstehen. Ilse hat da ihre Sammeltassen drin stehen und die Fotoalben, außerdem das gute Geschirr, das Silberbesteck und ihre Tablettenvorräte.

Sie wissen das vielleicht nicht, aber die Dokters haben sich ganz schön kiebig, wenn se einem mal Tabletten auf Vorrat aufschreiben sollen. Das rechnet denen der Computer genau aus, wie lange die reichen, und vorher schreiben se keine neuen auf. Ilse hat es trotzdem geschafft, sich einen Vorrat anzulegen, mit dem sie eine ganze Krankenstation für Monate versorgen könnte. Das ganze Schränkchen auf der Anrichte ist voll, drei Fächer!

Ich sage immer: «Ilse, wenn da mal einer einbricht, ein Drogensüchtiger oder so, dann kriegst du Ärger.»

Aber Ilse sagt dann: «Welcher Einbrecher hat schon Bluthochdruck und Wasser in den Beinen?», und hortet weiter die Pillen in der guten Stube.

Handstrauß Dieses schöne Wort hat sogar zwei Bedeutungen. Ach, das muss ich Ihnen aufschreiben, da ist mir mal was passiert! Aber der Reihe nach. Wenn früher eine Hochzeit war, hat nicht nur die Braut einen Strauß in die Kirche getragen. Die geladenen Frauen hatten auch alle ein Handsträußchen, das gehörte sich eben so. Das waren meist bloß drei oder fünf Tulpen oder so, nichts Teures, einfach nur eine Kleinigkeit. Dann gab es noch Handsträuße, die waren für die Beerdigung. Wenn der Verstorbene ein entfernter Verwandter war oder ein Arbeitskollege, den man nicht so leiden konnte, und ein Kranz zu teuer gekommen wäre, dann hat man einen Handstrauß gekauft. Der kam so um die zehn Mark, das langte meist völlig hin als Aufmerksamkeit. Er war aus Tannengrün, und für zwei Mark mehr konnte man sogar eine Schleife mit der Aufschrift «Ein letzter Gruß» einbinden lassen. Das ist die andere Bedeutung von Handstrauß.

Es muss 1981 gewesen sein – jawoll, 81, als wir die Brigadefahrt nach Leipzig gemacht haben –, da hat die Tochter von Steiners von nebenan geheiratet. Franz und ich waren eingeladen, und weil ich noch bis Mittag Dienst hatte am Bahnschalter, musste der Franz mir einen Handstrauß kaufen. Mit Chrysanthemen und Fichtengrün kam er an, denkense sich nur! Zwar ohne Schleife mit Abschiedsgruß, aber trotzdem. Männer! Ich war sehr böse. Den Strauß hat dann der Wilhelm aufs Grab bekommen, das gab wieder ein Donnerwetter, weil der Franz eifersüchtig war, aber ich hatte ja wohl mehr Grund, böse zu sein, als der Franz.

Hasenbrote Das sind Stullen, die man ungegessen von der Arbeit wieder mit nach Hause bringt. Sie schmecken viel besser als frisch geschmierte, findense nicht? Das ist auch so, Schnitten, die jemand anders geschmiert hat, schmecken einfach besser als die selbstgemachten. Warum das so ist, das konnte mir bis heute noch keiner erklären.

Hausmannskost Mit Ihrem Chinesisch oder Italienisch könnense mir wegbleiben. Sicher, ich mache auch mal Nudeln. Das geht schnell, und zu Gulasch schmeckt das sogar ganz gut. Aber ob es nun Schafsfleisch im Brötchen ist, dieses Dönner, oder Pizza oder was die sich sonst noch alles bestellen, weil se zu faul sind zum Kochen – nee. Bleibense mir weg!

Bei mir gibt es Hausmannskost, gut und reichlich. Ich war auf der →Bräuteschule in den fünfziger Jahren und habe noch gelernt, aus wenig was zu machen und nicht nur das Filet zu braten. Ich bekomme selbst aus den Knochen noch eine schöne Brühe hin, und daraus koche ich Ihnen dann einen Eintopf. Sie, da leckense sich alle zehn Finger nach! Weiße Bohnen oder Kohlrübensuppe oder Erbsensuppe. Der Eintopf wird immer besser, je öfter man ihn aufwärmt.

Bei mir werden Se auch keinen Rotkohl aus dem Glas im Haus finden, so weit kommt es noch! Der ist doch schnell gemacht. Klein raspeln, Gewürze dran, und nach nicht mal vier Stunden Simmern auf dem Herd ist er schön weich und lecker. Ach, da läuft mir gleich das Wasser im Mund zusammen. Rotkohl muss ich bald mal wieder kochen. Vielleicht mit Rouladen?

Heimtrockenhaube Die jungen Dinger rennen heute rum, nee! Da fehlen einem schon die Worte. Strubbelig, als wären sie so aus dem Bett aufgestanden. Wie ein explodiertes Couchkissen sehen die aus und dann noch lila Strähnen vorn am Pony. So sind wir früher nicht auf die Straße gegangen. Ich habe mir regelmäßig eine →Dauerwelle machen lassen, schon seit bald nach dem Krieg, als es uns wieder besserging. So liegt das Haar hübsch, und man sieht manierlich aus. Wie oft hat Mutter zu mir gesagt: «Mach Locken, sonst bleibst du hocken.» Ich hatte immer Dauerwelle und war viermal verheiratet, es muss also stimmen.

Nee, aber was wollte ich denn jetzt schreiben? Ach ja, jetzt weiß ich's wieder. Eine Heimtrockenhaube, die spart viel Geld. Das müssense sich vorstellen wie einen Kosmonautenhelm, der ist aus Gummi, und man zieht ihn sich über den Kopf. Vorher dreht man sich die Haare auf Wickler, und wenn man das an den Föhn anschließt, ist man nach einer halben Stunde schick frisiert und spart sich den Gang zum Friseur. Und nicht nur das, Sie müssen ja auch rechnen, dass die Busfahrt ganze 2,70 Euro kostet für die einfache Fahrt, zurück dann noch mal … Was ich Ursula noch in die Schürzentasche stecke als kleines Trinkgeld, das darf man gar nicht rechnen. Nee, das macht sich schon bezahlt mit der Heimtrockenhaube.

Henkelmann Ich habe immer schon selbst gekocht, gute → Hausmannskost. Das kommt viel billiger. Wenn ich das sehe, heute bestellen se sich mittags Nudeln für 6,50 Euro ins Büro, und dann wundern se sich, wenn am Monatsende kein Geld mehr übrig ist. Rechnen Se doch mal, was das spart, wenn Se selbst kochen. Das Pfund Nudeln kostet nicht mal 'ne Mark, also jetzt zwei Euro. Nee, das rechnet man ja umgekehrt … Auf jeden Fall ist es billiger.

Mein Wilhelm hat immer einen Henkelmann mitgekriegt zur Arbeit. Das war eine Blechdose, in die prima eine gute Portion Eintopf reinpasste. Das hat man dann ins Wasserbad gestellt, so konnte nichts ansetzen, und es wurde trotzdem brühheiß. Es gab auch nicht jeden Tag Fleisch! Nee, ich habe aus einem Pfund Rippchen Eintopf für zwei Tage gekocht und hinterher noch Bierrippen. Zwischendurch gab es auch mal Milchreis, auch wenn Wilhelm dann lange Zähne machte. Aber nur so ging es, wissense, er hat doch kaum was verdient, und die paar Mark, die ich bei der Reichsbahn bekommen habe, na, die reichten doch gerade für die Miete, Brot und ein Päckchen Rondokaffee.

Ab und an brachte auch die alte Wilma Stein, unsere damalige Nachbarin, Mittagessen vorbei. Die war Kochmamsell und konnte sich nie umgewöhnen auf normale Portionen, die kochte immer für eine halbe Kompanie, obwohl sie allein gelebt hat. Ich war dankbar, das schonte mein Haushaltsbudget. Das Essen habe ich dann umgefüllt in Wilhelms Henkelmann, das hat er bis zu seinem Tod nie erfahren. Mich hat nur geärgert, dass er das Essen von Wilma abends gelobt, zu meinem jedoch nie ein Wort gesagt hat.

Herrengedeck Lesense bitte bei →Damengedeck, da hab ich das schon mit aufgeschrieben.

Hochzeitslader Kennense den überhaupt noch? Wenn sich zwei entschlossen haben zu heiraten, dann geht der Hochzeitslader von Haus zu Haus und überbringt den Gästen die Einladung persönlich. Das Schwierige an der Aufgabe ist, dass er überall einen Schnaps kriegt. Da man auf einem Bein nicht stehen kann, könnense sich ja in etwa vorstellen, wie der dann am Ende nach Hause wankt.

Bei meinen ersten beiden Ehen war der Kurt mein Hochzeitslader, danach hat die Ilse es verboten. Er war da aber auch schon nicht mehr der Jüngste und hat den Schnaps nicht mehr so gut vertragen, außerdem war die gute alte Sitte inzwischen aus der Mode gekommen. Eigentlich ein Jammer.

Hüfthalter Strumpfhosen kosten heutzutage ja kein Geld mehr, die kriegense schon im Dreierpack für fünf Euro. Das war früher anders. Da gab es nur Strümpfe, die bis knapp übers Knie gingen. Die wurden dann mit Hüfthaltern am Höschen festgeknüppelt. Nee, Sie ahnen nicht, was das für eine Knöpperei war, wenn man mal austreten musste. Oder wenn der Hüftgummi losschnalzte und einem der ganze Schlamassel runterrutschte … Nee, da sind die modernen Strumpfhosen schon praktischer.

In anderen Umständen Man macht sich ja heute gar nicht mehr die Mühe, sich einigermaßen gewählt auszudrücken. Es heißt einfach: «Die ist schwanger.» So direkt hat man einen körperlichen Zustand früher nicht beschrieben. Da deutete man so was nur dezent an, und jeder wusste Bescheid. Auch mit Frauenkrankheiten, also mit Befindlichkeiten «untenrum». Früher langte es allemal, anzudeuten: «Es geht um eine Frauengeschichte», dann fragte keiner mehr nach. Heute wollen se noch wissen, ob links oder rechts. Nee. Unanständig!

Kaufhalle Wir hatten im Osten keinen ALDI und auch keinen Edeka oder REWE. Wir hatten nur Kaufhalle, HO und Konsum. Kaufhalle war das Größte und Modernste, was es gab. Zu kaufen gab es trotzdem nicht mehr als anderswo. Am meisten hat man immer noch im kleinen HO gekriegt. Wissense, das waren meist private Händler, die auch Korn hatten und manchmal sogar Räucherfisch. In der Kaufhalle gab es nur mehr Regale, die leer waren. Sonst war alles wie bei Konsum. Aber hungern mussten wir nicht, Brot gab es jederzeit, und das war auch billig. Genauso wie Kohl. Weiß, sauer und rot. Zu jeder Jahreszeit.

Heute stehen die Kaufhallen überall, und mir ist es egal, ob sie nun Netto heißen oder Plus oder Penny – bei einem ist das Obst billig, beim Nächsten der Kaffee und beim Dritten das Waschpulver. Man muss immer ein Auge auf die Preise haben, sonst ist die Rente am 20. des Monats wieder alle.

Kittelschürze Meine Freundin Gertrud geht ja bis heute nicht ohne Schürze aus dem Haus. Sie hat die Dinger in allen Farben, die der Regenbogen hergibt. Im Trauerjahr, nachdem ihr Gustav gestorben war, trug sie die in Schwarz, und ich dachte schon, sie hätte im Alter doch noch so was wie Geschmack gelernt. Aber kaum war Gustavs erster Todestag ran, stand sie wieder im rosa Kittel vor mir. Wie ein Rentner-Dornröschen!

Die Dinger sind aber auch wirklich praktisch. Wenn man sich bekleckert, muss nicht gleich der gute Kleiderrock in die Wäsche oder gar die empfindliche Seidenbluse, sondern man stukt das Flatterding aus Dederon schnell durch, und ehe Se ein Stück Bienenstich verdrückt haben, ist die Schürze schon wieder trocken.

Knicks Wir haben früher noch gelernt, uns zu bedanken. Wenn wir einer älteren Person vorgestellt wurden und «Guten Tag» sagten, dann machten die Mädchen einen Knicks und die Jungen einen Diener. Kennt die Jugend von heute alles nicht mehr. Beim Knicks deutete man kurz an, dass man in die Hocke geht. Seit se mir die Kunsthüfte eingebaut haben, traue ich mich das nicht mehr, ich habe ein bisschen Sorge, ich komme nicht mehr hoch. Aber vor zwei Jahren ging es noch prima.

Denkense sich nur mal, der Berber-Bengel, der … Jere… der Jens, der konnte nicht mal einen Diener! Ich habe ihm Diener gezeigt und

Knicks im Flur, aber die Frau Nachbarin hat bloß geschrien, das Kind solle zum Essen kommen. Man muss sich nicht wundern, dass aus dem Jungen nichts wird, da kann er gar nichts dafür. Das liegt an der Erziehung.

Kochwäsche Wenn ich das sehe, wie die heute waschen! Nee, da juckt es mich direkt. Nehmense die Meiser, meine Nachbarin. Eine Dame, die stramm auf die fünfzig zugeht, aber rennt rum, nee, Sie ahnen es nicht!

Beim Sturm im letzten Winter ist einer von ihren Schlüpfern auf meinen Balkon geweht. Ich dachte erst, es wäre was von der Gardine abgerissen, aber es hatte oben einen Gummizug und war schwarz und so groß wie eine Postkarte. Sie machen sich kein Bild. Leibwäsche muss man doch kochen! Kochen tut die Meiser nie. Ich höre doch, wenn die Waschmaschine losrumpelt. Länger als eine knappe Stunde läuft die bei der nie. Wie sollen denn da die Keime und die Pilze rauswaschen? Man kann nur den Kopf schütteln.

Ich sage immer: «Wenn schon Maschinenwäsche, dann aber Kochprogramm.» Am liebsten wäre mir ja eine →Waschküche mit Kessel und Zuber, aber findense mal in Berlin eine Wohnung, die so was noch hat.

Konsummarken Heute kriegense Treueherzen oder Punkte von Playback, früher hatten wir eben Konsummarken. Ich sage Ihnen, das war vielleicht eine Schnippelei! Aber es hat sich gelohnt, es gab immerhin zwei Prozent vom Umsatz in bar als Vergütung zurück. Da hatte man schnell ein schönes Urlaubsgeld beisammen oder neue Schonbezüge für den Trabi. Das ganze Jahr hat man die gesammelt, und wenn einer aus der Familie krank war und ihm langweilig war, dann hieß es: «Der kann doch mal die Konsummarken sortieren und einkleben, sonst kommt der nur auf dumme Gedanken.» Das machte nämlich keiner gern. Man hatte solche Markenheftchen, wo vorgedruckt war, welcher Wert wo reingeklebt werden muss.

Aber Sie müssen wissen, der Kleber, den wir im Osten hatten, der taugte nix. Es war so gedacht, dass man die Dinger anleckt wie Briefmarken, aber das hielt nicht. Also haben wir mit Kittifix nachhelfen müssen. Kittifix muss ich auch erklären, oder? Das war Kleber, der ganz doll nach Chemie gestunken hat, aber damit kriegte man alles fest. Sogar Wilhelms Hosenträger hielten damit zusammen. Kirsten hat mir damit mal die ganze Bettwäsche versaut, als sie Erkältung hatte, und die Fünfer-Marken klebten dann alle am Kopfende und sie hustete vom Kleber, als hätte sie offene Tuberkulose. Nee. Da sind Treueherzen schon praktischer, aber andererseits: Was soll ich denn mit den ganzen Bratpfannen?

Kranzgeld Bei dem Begriff denkense bestimmt, der hat was mit einer Beerdigung zu tun, hab ich recht? Weit gefehlt! Das hatte früher damit gar nichts zu tun. Kranzgeld ist gar nicht leicht zu erklären, passense also gut auf. Wenn ein Mann einem jungen Ding die Ehe versprochen hatte und sie ihm daraufhin vor der Ehe den … nun ja … Beischlaf gestattete und es letztlich doch nicht zur Eheschließung kam, dann hatte die Frau Anspruch auf sogenanntes Kranzgeld. Das war sogar gesetzlich geregelt, denkense sich das mal! Es war aber auch gerechtfertigt, schließlich hatte die Frau ihre Unschuld hergegeben. Bei einer neuen Verlobung durfte man da keine so gute Partie mehr erwarten, das muss man ganz klar sagen. Sogar Witwen, die sich neu verheiraten wollten, hatten Anspruch auf Kranzgeld, wenn der Verlobte sie nach … Sie wissen schon … wenn er, nachdem sie ihn hatte beiwohnen lassen, über alle Berge war.

Allerdings weiß ich bis heute nicht, wie die das bei einer Witwe nachgeprüft haben wollen. Nun ist es ja auch egal, soweit ich weiß, wurde der Paragraph inzwischen abgeschafft.

Lebensmittelmarken Neulich dachte ich, die hätten wieder Lebensmittelmarken eingeführt. Ich war einkaufen mit Ilse und Kurt. Es war Freitag, da fahren wir gern zu Kaufland. Ich hatte wohl für gut 20 Euro Sachen im Wagen und auch alles bezahlt – bar und passend, wie sich das gehört –, da riss das Fräulein an der Kasse kleine Marken von einer Rolle und drückte sie mir in die Hand. Ich solle die Dinger sammeln und in ein Heft kleben. Wenn es voll sei, könnte ich mir dafür einen Rasierer kaufen.

Wissense, ich war ganz verwirrt. Ich wollte keinen Rasierer und auch keine Marken. Das erinnert mich doch alles zu sehr an die Jahre nach dem Krieg. Damals war es allerdings umgekehrt: Man bekam die Marken nicht zum Einkauf dazu, sondern man bekam nur was zu kaufen, wenn man Marken hatte. Bis 1958 hin hatten wir im Osten noch Marken, im Westen hatte sie der Adenauer ja schon 1950 abgeschafft. Es war eine schwere Zeit. Wir hatten nichts! Man bekam auf Lebensmittelmarke vier Pfund Brot die Woche und gerade mal 100 Gramm Fett. Fleisch fast gar nicht, in den schlimmsten Monaten nur ein halbes Pfund die ganze Woche. Später gab es dann jedes Jahr ein bisschen mehr, aber alles blieb rationiert und wurde zugeteilt. Wohl dem, der wie wir ein paar Hühner in der → Aussteuertruhe hielt. Wir hatten immer frische Eier und alle paar Wochen auch ein Huhn in der Pfanne.

Leibchen Das Leibchen wurde früher über dem Unterhemd und unter der Bluse getragen. Wir haben eben noch darauf geachtet, dass wir uns die Nieren nicht verkühlen. Wenn ich das heute sehe, wie die jungen Dinger losrennen, selbst im schlimmsten Winter halb nackicht – nee! Die können alle noch keine Blasenentzündung gehabt haben. Wer einmal schneidendes Wasser hatte, der weiß, was Schmerzen sind. Das geht so schnell: Einmal kurz gebückt, und zack – guckt der Rücken raus. Da muss dann nur der eisige Ostwind kurz pfeifen, und schon hat man sich verkühlt und wird den ganzen Tag nicht mehr richtig warm.

Ich vermisse die Leibchen sehr, so was wird schon seit Jahrzehnten nicht mehr verkauft. Aber ich muss auch zugeben, dass die Unterhemden heute schön warm und die Räume besser geheizt sind. Die Winter sind ja auch nicht mehr so streng wie früher. Trotzdem: Die Nieren ganz frei muss man ja nun auch nicht haben!

Libero Ich glaub, das sagt man heute auch noch, oder? Das ist ein Wort vom Fußball. Einer, der hinten spielt und keine Tore macht. Nich der Torwart, sondern der davor. Der ist dann auch schuld, wenn Abseits nicht geht und wenn ein Tor fällt und bei Pass. So hat es der Kurt mir mal erklärt, und ich glaube, das reicht so, da wissense einigermaßen Bescheid, oder?

Liebestöter Da kann man ja nun lange drüber diskutieren. Wissense, solche angerauten Dinger mit Bein, wie sie meine Tante Hoppe noch anhatte, solche habe ich ja nun auch nicht mehr. Aber auch keine Tangostrippen … Äh, Tanga. Sie wissen schon. So was, was die Meiser und die Berber, die bei mir mit im Haus wohnen, tragen. Nee, nee.

Eine Renate Bergmann trägt ordentliche Unterwäsche, gediegen und bequem und warm. Außerdem Hemdchen und Höschen immer sauber und passend. Stellense sich nur mal vor, wenn mir mal was passiert … Nicht auszudenken, ich würde von einem Bus angefahren und im Krankenwagen würden sie mich ausziehen und dann … keine saubere Unterwäsche oder sogar ein Loch drin? Nee! Also, da würde ich allein vor Scham die Augen nicht mehr aufmachen.

Lohntüte, Lohnstreifen Heute ist ja alles elektrisch und mit Überweisung. Konto und Schippkarte, kennense doch, oder nich? Die meisten kriegen ja Gehalt, das gibt es nur einmal im Monat. Und das ist schließlich immer das gleiche. Früher gab es Lohn, und zwar jede Woche bar auf die Hand. In einer kleinen Tüte, halb so groß wie ein Umschlag, da lagen die Scheine drin und auch die Münzen. Stets passend. Die vom Personalbüro oder der Chef hat dann noch einen kleinen Streifen mit reingelegt, auf dem war die Abrechnung drauf. Die passte auf einen Streifen, so schmal wie ein Hosenträger. Fast wie die Steuererklärung auf einen Bierdeckel. Das war nich so kompliziert, das war brutto und wie viele Stunden und wie viele Abzüge und was ausbezahlt wurde. Das konnte jeder nachrechnen, und das Geld wurde eingeteilt für die Woche. Da hatte keiner Schulden, weil er zu viel mit der Schippkarte bezahlt hatte.

Matrone So sagte man zu einer altmodischen, beleibten alten Dame, die wie eine Glucke ziemlich behäbig und wunderlich wurde mit den Jahren.

Meine Freundinnen Ilse und Gertrud sind keine Matronen, die sind viel zu flott und stehen noch mitten im Leben. Wissense, wo ich so nachdenke, fällt mir gar niemand ein. Das ist wohl wirklich ein olles Wort von früher, das völlig zu Recht nicht mehr verwendet wird.

Mietskaserne So sagte man, wenn viele Wohnungen in einem Block waren. Das gibt es ja heute auch noch, nur der Name wechselt alle paar Jahre. Mal heißt das Ding Mietskaserne, dann wieder Neubaublock, später Plattenbauten oder sozialer Wohnungsbau. Sind wir mal ehrlich: Wenn wir in die Viertel gucken, wo se sich alle Fenster an Fenster ein Reihenhaus bauen – das ist doch auch nichts anderes, nur teuer bezahlt. Dicht an dicht, sodass einem der Nachbar auf den Teller gucken kann, und nicht mal genug Platz, um eine Wäscheleine zu spannen im Garten. Nee, da kann ich gleich im Mietshaus wohnen bleiben.

Mischpoke So haben wir früher zur Familie und Verwandtschaft gesagt. Gar nicht böse war das gemeint, das war weit verbreitet und höchstens ein bisschen ironisch. Das war jedem klar, und es ist bis heute so: Familie hat man, die kann man sich im Gegensatz zu Freunden nicht aussuchen. Bei Mischpoke, da wusste jeder, wo er dran ist, und das war ehrlich. Da haben wir auch nicht so ein Theater gemacht an Geburtstagen mit Party und Einladungen und so was. Wenn der Tag ran war, dann ging es hin, es wurde gratuliert, es gab Kaffee oder Abendbrot, je nachdem, und als Geschenk einen Kasten Konfekt oder für die Männer und mich auch mal 'ne Flasche Korn, und damit war die Sache erledigt.

Heute wird immer erst geguckt, ob man am Sonnabend feiert, und dann ist die Frage: Ist man eingeladen? Hörense mir uff. Früher war Mischpoke Mischpoke, da ging es hin und Ruhe. Auch wenn man sich nicht so mochte – Blut ist immer noch dicker als Wasser, und wenn es drauf ankam, dann stand man füreinander ein.

Mundraub Mundraub ist nicht strafbar, hieß es früher immer. Damit war gemeint, dass das Stibitzen von Obst nicht angezeigt wurde, wenn man nur vom Strauch genascht hatte. Das gilt übrigens nicht für die Auslage beim REWE, glaubense mir. Die Gertrud hat da schon mal richtigen Ärger gekriegt. Dabei hab ich sie noch gewarnt. Wissense, eine Weintraube kosten ist in Ordnung – man will schließlich wissen, ob sie auch schön süß sind, nich? Gertrud nascht aber immer fast ein halbes Pfund, bis sie Bauchschmerzen kriegt. Das ist kein Kosten mehr, das ist eine Mahlzeit, und da haben die sich beim REWE zu Recht kiebig. Das muss man verstehen.

Nachtjäckchen Ich versteh gar nicht, warum ich das Wort erklären soll. Kennense das denn nich? Ziehense sich etwa kein Nachtjäckchen an, wenn Ihnen im Bett kalt ist? Da komme ich jetzt nich ganz mit. Also, wenn die Heizdecke auf drei steht und man immer noch friert, wie haltense sich dann warm?

Nasenfahrrad Das war früher die Bezeichnung für Brille. Das war ja alles ganz anders, da hat sich wirklich viel getan. Wenn Se sich mal umgucken, die Brille ist heute ja fast ein Modeartikel geworden, und die Leute rennen rum mit grünen Bügeln und finden sich schön. Über Hörgeräte und orthopädische Schuhe wird immer noch gelacht, aber Brillen finden alle schick. Manche schreiben sogar ihren Namen drauf auf das Gestell, damit es nicht vertauscht wird beim Sport. Mein Ohrenarzt zum Beispiel, Doktor Speichel. Der heißt mit Vornamen Ray Ban.

Notgroschen Als wir den Euro gekriegt haben, da hab ich mich gefragt, ob man wohl weiter «Groschen» zum Zehnpfennigstück sagt oder ob die sich dafür auch was Neues ausdenken. Cent. Zehncentstück. Wissense, mir isses letztendlich egal, ich rechne sowieso immer noch um im Kopf. Ich sag Groschen.

Aber was wollte ich eigentlich? Ach ja, Notgroschen. Wissense, man weiß ja nie, was kommt, aber irgendwas kommt immer. Man muss immer ein paar Mar… ich meine Euro auf der hohen Kante haben. Ich sage immer, mindestens drei

Renten Puffer braucht man. Es geht schnell mal die Waschmaschine kaputt, oder man braucht eine → Dauerwelle außer der Reihe, oder es stirbt einer, und man muss einen großen Kranz schicken – jetzt guckense nicht so, in meinem Alter muss man damit immer rechnen! Meist kommt dann alles zusammen, und Lichtgeld muss auch noch nachbezahlt werden oder die Anzahlung für die Dampferfahrt im Sommer. Nee, ich sage Ihnen: Packen Se drei Monatseinkommen auf die hohe Kante, Sie werden an mich denken, wenn Se das Geld brauchen.

Nudelholz Wenn alle nur noch fertigen Kuchen kaufen, backt keiner mehr, und wenn keiner backt, kennt auch keiner mehr ein Nudelholz. So stehen die Dinge nun mal, das ist sehr traurig. Wissense, so ein selbstgebackener Hefekuchen schmeckt doch viel feiner als der gekaufte. Es kostet nicht viel, und auch wenn der Teig ein Weilchen aufgehen muss und seine Zeit braucht – Arbeit macht er kaum.

Ich hatte nie wieder so ein gutes Nudelholz wie das, mit dem ich meinen Wilhelm damals verdroschen habe, als er sturzbetrunken von der Brigadefeier mit seinen Kollegen nach Hause kam. Dabei ist der Griff vom Nudelholz kaputtgegangen und eine Rippe vom Wilhelm, aber das gehört jetzt nicht hierher.

Pampelmuse Heute tun se ja alle fein und sagen «Gräpfruht». Dabei ist es eine Pampelmuse. Es macht gar keinen Sinn, sich zu ärgern, die machen sowieso, was sie wollen. Es heißt ja heute auch «Orange» statt «Apfelsine», und kein Mensch weiß, warum. Genauso, wie se jetzt im *Schwarzen Hirschen* keinen Milchreis mehr auf der Karte haben, sondern Risotto. Das ist genau das Gleiche, kostet aber zwölf Euro statt drei. Die denken, die Leute sind blöde und merken das nicht, aber ich bin bei so was auf der Hut. Beim LIDL hatten se letzthin wieder italienische Woche, da heißt der Zwieback dann «Brusketta», und sie wollen den doppelten Preis dafür. Man muss so aufpassen, sonst wird man überall beschupst.

Pike «Von der Pike auf gelernt», sagt man doch, das kennense bestimmt. Das heißt, dass sich jemand auskennt und wirklich Bescheid weiß. Nicht so wie manche Schnösel, die nur einen Artikel beim Wickipeter gelesen haben und dann behaupten, sie wüssten, wie die Welt funktioniert. Nee. Das mit der Pike heißt, dass einer klein angefangen und sich dann hochgearbeitet hat.

Plätteisen So nannte man früher das Bügeleisen, und was das ist, muss ich Ihnen ja wohl nicht erklären, oder? Das traue ich Ihnen dann schon noch zu, dass Se das wissen. Die ganz alten Plätteisen waren aus Eisen und sehr schwer, und sie wurden noch mit Glut gefüllt. Nee, das war kein Vergnügen. Wir mussten das mal machen, damals, als die Ilse und ich unsere weißen Chorblusen bügeln mussten, weil wir einen Auftritt hatten.

Der Kurt hatte Ilses Bügeleisen reparieren wollen – da könnense sich ja denken, was dabei rausgekommen ist. Dem Himmel sei Dank sind wir nicht abgebrannt. Auch nicht, als wir das

Kohle-Plätteisen von Ilses Mutter in Betrieb genommen und unsere Kragen gebügelt haben. Die Brandspuren hat man kaum gesehen, es war ein Adventskonzert, und der Chor sang bei Kerzenschein.

Pralinenhochzeit Ich habe in den fünfziger und sechziger Jahren so manch eine Pralinenhochzeit miterlebt. Das sagte man so, wenn die Braut schon eine Füllung hatte. Einen kleinen Mitbewohner, wenn Se verstehen, was ich meine … Also, wenn die Braut froher Erwartung war. Bis zum dritten Monat konnte man das ja noch ganz gut kaschieren, wenn das Brautkleid einen günstigen Schnitt hatte und der Brautstrauß vor das Bäuchlein gehalten wurde. Das Kind ging später auch ohne Probleme als Siebenmonatskind durch, ohne dass einer dumme Fragen stellte, nicht mal der Herr Pfarrer. Da war man sehr diskret.

Reiseruf Heute hat jeder Händi. Manche mit Tomate hintendrauf, andere ohne, je nachdem. Aber Händi ham se alle, sogar Ilse und Kurt. Es liegt im Handschuhfach vom Koyota, falls mal was ist. Dann müssen die beiden zwar erst neue Batterien kaufen, aber das gehört jetzt nicht hierher.

Ja, mit Händi könnense überall angerufen werden. Wenn man früher unterwegs war im Auto und es war was Wichtiges, dann konnte im Radio eine Durchsage gemacht werden. Aber nur in Notfällen. Nicht wenn die Kühlschranktür offen war oder so was. Nein, nur wichtige Sachen. Ich weiß noch, 1979, als Gertruds Schwiegersohn den Unfall hatte, da kam dann auf Mittelwelle Dresden: «Frau Gertrud Potter, unterwegs mit Kurt und Ilse Gläser ins Erzgebirge, soll dringend zu Hause anrufen.» Das wurde auch gegengeprüft, damit niemand Schindluder damit trieb und jemandem nur einen bösen Schrecken einjagte.

Ringtausch Das hat jetzt nichts mit Heiraten zu tun, wie man vielleicht denken könnte, hihi. Nee. So wurden die Wohnungen früher untereinander getauscht. Wenn zum Beispiel eine Oma ins Heim kam und es wurde eine schöne

Zweiraumwohnung frei, dann zog da eine junge Familie rein, die vorher nur ein Zimmer hatte in Untermiete. Das wiederum wurde dann frei für einen Studenten.

Diese ganze Tauscherei wurde von den Leuten untereinander geregelt und organisiert. Jeder hatte seinen Vorteil: Die Oma musste keine Kohlen mehr schleppen und hatte es warm im Heim, die junge Frau konnte auch mal auf dem Sofa in der Wohnstube schlafen, wenn der Mann geschnarcht hat, und der Student konnte vielleicht Augenarzt werden. Sie ahnen ja nicht, wie lange man da auf einen Termin … Aber ich schweife schon wieder ab. Man half einander beim Umzug, oft sogar der Student der Oma beim Transport ins Heim. Die zwei kannten sich zwar gar nicht, aber sie waren einander dankbar und halfen sich. So habe ich mich in den sechziger Jahren hochgetauscht von einem Zimmer in Moabit bis hin zu einer Dreiraumwohnung in Karlshorst. Was das angeht, war Renate Bergmann schon immer auf Draht.

Rotzlöffel Da kann ich es kurz machen. Rotzlöffel sind so freche Bengel wie die Gören von der Berber oder der Meiser, meinen Nachbarinnen. Ich bin ja dafür, dass man direkt sagt, was man denkt, sonst kommt man nicht weiter im Leben. Ein bisschen Frechsein gehört schon dazu. Aber da gibt es noch einen Unterschied zwischen frech und unverschämt, und diese beiden Rotzbengel sind einfach nur unverschämt!

Rundfunkempfänger Also, das Wort ist so alt, das hat nicht mal mehr unsere Mutter verwendet. Schon die hat «Radioapparat» gesagt. Wir haben sonnabends als Kinder immer nach dem Baden eine Stunde hören dürfen. Ach, war das schön! Das war die tollste Stunde in der ganzen Woche. Oft hörten wir die Wochenschau, aber manchmal wurde auch ein Konzert übertragen. Ganz still waren wir Kinder dann, gaben keinen Mucks von uns, mein Bruder genauso wie ich. Wenn wir in der Woche mal nicht folgten, hob Mutti nur die Augenbrauen und den Zeigefinger und sagte: «Radioverbot!» – was meinense, wie schnell wir brav waren.

Sammeltassen So ein schönes Wort! Ich habe eine Schwäche für hübsches Porzellan, und Sammeltassen sind wirklich zauberhaft. Was soll man denn einer Dame auch immer schenken? Bis sie verheiratet ist, ist das leicht, da gibt es was für die →Aussteuertruhe. Aber dann? Toilettenartikel deuten immer an, dass sie nicht reinlich wäre. Schmuck und Blumen sind dem Ehemann oder dem Verehrer vorbehalten, und Haushaltszubehör verbietet sich von selbst. Also Sammeltassen.

Ich habe mich irgendwann auf Meißen spezialisiert; das ist nicht billig, aber was soll ich mit den bunten, wertlosen Dingen, die einem nur das Regal verstopfen? Sollense ruhig zusammenlegen alle und mir zu jedem Geburtstag nur ein Gedeck schenken. Ilse sammelt auch, jedoch Rosenthal. Sie hat tatsächlich unter jede Tasse ein Pflaster geklebt, auf dem steht, wer sie mal erben soll. Denkense sich das mal! Wie so eine alte Frau. Nee, man kann nur den Kopf schütteln.

Sättigungsbeilage Neulich war ich mit der Gertrud fein essen. Wir haben uns vertan im Restaurant, konnten aber nicht wieder rausgehen, nachdem wir es gemerkt hatten. Das macht man ja nicht. Da brachte der Kellner eine Karte, auf der standen so Sachen wie «im Duett mit Kartoffelspalten» oder «an einem Spiegel von Gelbe-Rüben-Mus». Das war dann Schnitzel mit Pommies und Möhrengemüse. Gott sei Dank waren die Möhren wenigstens weich, oft kriegen Sie die in solchen modernen Restaurants ja nur einmal warm gemacht, und dann sind sie knüppelhart. Nee, was haben wir gelacht.

Früher nannte man das «Schnitzel mit Gemüse und Sättigungsbeilage», und da konnte man dann wählen, ob man Salzkartoffeln will, Pommies oder Kroketten. Kroketten waren aber teurer, das muss man verstehen, die sind ja auch was Besonderes und machen viel Arbeit. Also, wenn Se was von «Duett» oder «Spiegel» lesen auf der Karte, dann ist das die Sättigungsbeilage.

Schlüpfer Ein richtiger Schlüpfer geht bis über die Nieren hoch und hält schön warm, und nach unten ist er so geschnitten, dass der Oberschenkel bedeckt ist. Das sind doch die Problemzonen bei uns Frauen, da hat jede ein paar Röllchen, selbst wenn se ’ne 36 trägt. Aber heute fädeln sich ja sogar die 50er-Größen in diese Tangostrippen, und dann quillt da alles raus. Das ist alles andere als schön, seiense doch mal ehrlich! Kann mir auch keiner erklären, dass Männer das schön finden.

Mir muss sowieso keiner was erzählen. Ich war viermal verheiratet, und ich brauchte keinen Strippenschlüpper. Nie. Ich hatte schwarze Unterwäsche und eine Flasche Korn, und damit bin ich prima klargekommen, wenn Se verstehen, was ich meine. Die schwarze Unterwäsche trage ich heute noch unter dem Beerdigungskostüm, da würde Weiß zu sehr vorblitzen. Der Korn ist übrigens mittlerweile alle.

Schmuddelfilme Man kann doch die Flimmerkiste gar nicht mehr anmachen. Schießfilme und Nackichte, wohin man guckt. Am helllichten Tag sogar! Selbst am Nachmittag. Da sitze ich mit Gertrud neulich beim Kaff… äh, Tee. Natürlich

Tee! (Man weiß ja nicht, ob die Frau Doktor das hier liest, da muss ich aufpassen.) Wir sitzen also beim Tee und wollen schnell noch den Wetterbericht sehen vorm Spaziergang – schließlich muss man ja wissen, ob man einen Schirm einpacken muss, nich?

Da schaltet Gertrud den Fernsehapparat ein, und Sie ahnen es nicht: Da machen die im Bett rum, split-ter-fa-ser-nackt. Nachmittags um drei! Ich sage Ihnen, wir haben ganz schnell «POWA OFF» gedrückt und die Kiste ausgestellt. Es war uns beiden sehr unangenehm. Wenn so was des Nachts läuft, nach 23 Uhr, wenn Kinder und ordentliche Leute schlafen – meinethalben. Aber doch nicht nachmittags!

Ich muss jetzt aufhören, sonst reg ich mich nur auf.

Schnickschnack Heute konzentriert sich doch kaum noch jemand auf das Wesentliche. Überall ist Schnickschnack dabei, also Sachen, die zwar nett sind, aber nicht wichtig. Als Ilse und Kurt den Koyota gekauft haben zum Beispiel, da hat der Verkäufer die ganze Zeit nur über das Radio erzählt und gar nicht richtig erklärt, dass der Wagen keine Kurbel zum Anlassen hat. Was meinense, wie wir gesucht haben! Aber über das Schnickschnack-Radio wussten wir Bescheid und konnten die Ilse-Werner-DC abspielen, während wir auf den ACDC gewartet haben.

Schnieke Das sagte man, wenn sich jemand rausgeputzt hatte und seine Sonntagssachen trug oder das gute Kleid. Oder wenn er frisch vom Friseur kam und besonders hübsch aussah. Wie aus dem Ei gepellt und beeindruckend. Wenn sich jemand schnieke macht, hat er meist noch was vor. Wie wenn bei den Frauen der BH zum Höschen passend ist – meine Herren, dann sehense sich vor. Entweder muss sie dann zum Doktor, oder sie führt was im Schilde.

Schreibmaschine Schreibmaschine ist wie Computer. Nur mit Tipp-Ex. Ach, Computer ist schon praktischer. Da kann man mit dem kleinen Pfeil jederzeit zurück und was ändern, und man kann hinterher beim Drucken entscheiden, wie oft man das haben will. Bei Schreibmaschine musste man immer gleich am Anfang überlegen, wie viele Durchschläge man braucht. Nee, Computer ist viel praktischer. Da darf man keine Angst vor haben, man kann da gar nichts verkehrt machen.

Schuhcreme Lassense es drei Wochen her sein, da bin ich in Charlottenburg unterwegs und entdecke auf einmal eine sehr unschöne Schmutzspur an meinen Schuhen. Das war mir so was von unangenehm, ich wollte doch noch mit Traudl Kabeling ins Tanzcafé! Sie hat sich für den Vorstand im Seniorenverein beworben, da musste ich ihr auf den Zahn fühlen. Man will schließlich wissen, wen man sich da ins Boot holt, nich wahr? Wo war ich? Ach ja.

Nee, eine Renate Bergmann hält was auf sich. So gehe ich nicht auf eine Gesellschaft. Ich war keine zwei Straßen weg von Gertruds Tochter, und obwohl ich nicht angemeldet war, läutete ich an ihrer Tür. Gudrun war sehr nett und bat mich rein, sie freute sich sehr über mein Kommen. Aber denkense, die hatte Schuhcreme da? Die guckte nur komisch und sagte: «Also, ich wische die Schuhe höchstens mal mit dem Lappen sauber.»

So weit isses nun schon gekommen; es geht immer weiter bergab. Nicht mal mehr Schuhcreme kaufen die jungen Leute! Stattdessen Schuhe für acht Euro, mit denen sie sich die Füße versauen. Und wenn sie dreckig sind, fliegen sie weg. Die Schuhe, nicht die Füße. Die Gudrun hat mir dann einen Lappen gegeben, und wir haben wenigstens den Fleck weggerieben. Traudl Kabeling hat gar nichts bemerkt, trotzdem fühlte ich mich nicht wohl in meiner Haut. Abends zu Hause habe ich die Schuhe dann gleich mit beigefarbenem Lederfett eingerieben.

Seifendose Was hab ich mich immer gefreut, ein schönes Stück Seife in die Finger zu kriegen! Am liebsten mag ich ja Lux, bis heute. Ach, so ein feiner Duft! Ich lege gern ein paar Stücke zwischen die Tischwäsche, wenn man dann ein Tafeltuch rausnimmt, dann verströmt das einen so reinen Geruch, dass man sich gleich viel gastlicher fühlt. Lux-Seife gab es zu DDR-Zeiten ja nur im Intershop oder im Westpaket. Tja, und dann kam die Seife in ein Seifendöschen. Wenn man im Schwimmbad war oder auf Reisen – man musste höllisch aufpassen, dass einem niemand das feine Stück stibitzte. Die blieb ja auch «für gut», damit hat man sich nicht jeden Tag gewaschen.

Sendeschluss Könnense sich das vorstellen, dass früher nach den Tagesthemen Schluss war? Dann lief erst die Nationalhymne und dann das →Testbild, weiter ging es erst am nächsten Morgen um zehn. Da gab's keine nackten Frauen, die man für zwei Euro die Minute anrufen sollte, und auch keine Gemüsehobel im Tele-Schopping. Da war Testbild und Nachtruhe.

Die Männer sind dann mal gucken gegangen, was so im Bett wartet, und haben nicht für teures Geld die halbe Nacht mit den losen Weibsbildern telefoniert. Da gab es auch noch mehr Kinder und nicht nur eins Komma noch was pro Frau.

Sesselschoner Was lachen mich die Leute manchmal aus für meine Sesselschoner. Aber die Möbel haben schließlich Geld gekostet, nich wahr? Und man muss sich mit seinen Sachen ein bisschen in Acht nehmen. Deshalb werden Se meine Couchgarnitur nie ohne Sesselschoner sehen. Es wäre ein Jammer, wenn was drankäme. Da liegt der Kater drauf des Tags, und ab und an nascht man ja doch mal ein paar Apfelspalten abends beim Fernsehen – nee, nicht auszudenken, wenn da Flecken draufkämen.

Ich nehme die Decken nur zum Staubsaugen ab, jeden Sonnabend. Alle vier Wochen werden sie gewaschen, immer dann, wenn auch die Gardinen dran sind. Ich habe es auf dem Wandkalender vom Bäcker in der Küche angestrichen. Neulich hat die Ariane auch wieder geschmunzelt über meine Sesselschoner. Aber im gleichen Atemzug streicht se dann über ihre Schutzfolie vom Händi. Da habe ich nur die Augenbraue hochgezogen und gelächelt, prompt hat se dann nichts mehr gesagt.

Sockenwolle Der Franz, mein dritter Mann, war Fleischer. Der musste immer in Gummistiefeln stehen, die haben da im Schlachtehaus ja mit Wasser und heißer Brühe hantiert. Was hat der Mann gefroren in seinen Stiefeln! Ich habe ihm Socken gestrickt, aus echter Schafswolle. Die haben ja doch ganz anders gewärmt als die gekauften. Und auch nicht so gekratzt.

Nee, lassense den Franz einen Hallodri gewesen sein mit seinen Frauengeschichten nebenher – seine Socken hat er nur von mir genommen, und er hat sie gern getragen und geschätzt. Da kam auch nie einer von weg, weil ich die nur mit der Hand gewaschen habe. In der Waschmaschine verschwinden die Dinger ja wie von Geisterhand, nee, das habe ich bis heute nicht verstanden. Und das mir, wo ich so eine ordentliche Hausfrau bin! So manchen Abend habe ich damit verbracht, Socken für den Franz zu stricken. Wenn das Nadelspiel klappert und die Wolle durch die Finger gleitet – ach, das ist Balsam auf der Seele einer alten Dame!

Sonntagsbraten Früher konnten wir uns nicht jeden Tag Fleisch leisten. Es gab ja auch nichts! Beim Fleischer hat man donnerstags angestanden, stundenlang, damit am Sonntag dann ein Braten auf den Tisch kam. Meist hab ich gemischten Braten gemacht, selten Rouladen. Oft auch Kaninchen. Ein Schmaus, sag ich Ihnen!

Sonntagsspaziergang Nach dem →Sonntagsbraten ging es zum Spaziergang raus an die frische Luft. Nach dem leckeren Mahl tat Bewegung gut. Da gab's noch keinen *Fernsehgarten* und auch kein Skilaufen mit Gewehren, was die Leute abhielt. Da wurde flaniert am Sonntag und promeniert, da hatte man dann auch wieder Hunger zum Kaffee und konnte ein Stück Buttercremetorte vertragen.

Heute schreien se alle, sie wären noch satt, wenn ich den Tisch decke und den Kaffee aufbrühe. Aber auf dem Ohr ist eine Renate Bergmann taub – sollen se eben mehr spazieren gehen, dann kriegen se auch den Hosenknopf zu am Sonntag.

Stanniolpapier Schokolade ist ja heute in Plaste eingeschweißt. Früher war die in Silberpapier – wir haben «Stanniolpapier» dazu gesagt. Ich habe das immer vorsichtig zusammengefaltet und für die Frühstücksstullen wiederverwendet.

Stofftaschentuch Kennt kaum noch einer, nich? Diese Papiertaschentücher sind auch viel hygienischer. Aber feiner ist ein Taschentuch aus Stoff schon. Hübsch umhäkelt und gebügelt und gestärkt – daran erkennt man, wer eine echte Dame ist. «Für gut» habe ich heute noch einige in der Kommode, aber im Alltag nehme ich die aus Zellstoff.

Südfrüchte Wir haben in der DDR eigentlich nur Bananen, Apfelsinen und Pampelmusen gekannt. Wenn es hochkommt, noch Mandarinen. Das hätte man sich gut merken können, trotzdem sagte man «Südfrüchte». Gab es selten, außerdem musste man anstehen dafür, aber eine Renate Bergmann hatte auch da ihre Beziehungen. Ich habe die Frau vom Gemüseladen immer mit Schlachtekaninchen versorgt, dafür hat sie mir Südfrüchte unterm Ladentisch zugeschoben.

Tagesdecke Letzthin war ich bei Stefan und Ariane zu Besuch. Normalerweise habe ich olle Schachtel in deren Schlafstube ja nichts zu suchen und gehe da auch nicht rein – selbst dann nicht, wenn ich im Urlaub die Blumen gieße. Wirklich, das könnense mir glauben! Ich musste dreimal gucken, bevor ich es fassen konnte – die jungen Leute haben nich mal eine Tagesdecke über dem Bett. So was Liederliches! Nee. Das käme mir nie in den Sinn.

Morgens wird die Zudecke zum Lüften aus dem Fenster gehängt, mindestens eine Stunde. Dann werden die Betten ordentlich gemacht, und bevor die Paradekissen darauf arrangiert werden, kommt die Tagesdecke drüber. Ordentliche Menschen machen das so, da brauchense mir jetzt gar nich mit «altmodisch» oder so was ankommen. Das hat nichts damit zu tun. Das gehört sich einfach so. Keine Tagesdecke, nee, also, da bin ich jetzt wirklich →baff.

Telegramm Das müssense sich vorstellen wie eine SMS, nur komplizierter. Wenn man der Tante Hedwig in Dresden was mitteilen wollte, ging man zur Post und sagte zum Beispiel: «Unser kleiner Maxi ist da, 3500 Gramm, Mutter und Kind wohlauf.» Dann telefonierte der Beamte nach Dresden, ein anderer dort schrieb es auf, schnappte sich ein Fahrrad, fuhr zur Hedwig und gab ihr einen Zettel. Auf dem stand dann, wenn Sie Pech hatten: «Unser kleiner Nazi ist da, 35 Grad, Mutter und Kind Schluckauf». Das Ganze dauerte vier Stunden und kostete zwei Mark fuffzich.

Teppichklopfer Staubsauger gut und schön, aber eins sag ich Ihnen: Richtig reine wird so ein Teppich nur, wenn man ihn zweimal im Jahr ordentlich durchklopft. Ich mache das gern im Winter im Schnee. Da legt man ihn erst eine Nacht ins Freie, damit er schön kalt ist und der Schnee nicht gleich taut und alles klitschnass wird. Dann kommt der Teppich auf links in den Schnee, man muss auf die Knie und ihn mit dem Teppichklopfer ordentlich durchwalken. Staunen werden Se, was da alles rauskommt. Wenn Se den Dreck im Schnee anschauen hinterher, dann schämen Se sich.

Selbst eine reinliche Person wie ich ist dagegen nich gefeit. Ich denke mir immer, bei mir kommt der Dreck so wenigstens raus. Bei liederlichen Menschen, die das nicht machen, bleibt er in der Wohnung! Da schäme ich mich nicht für die Flecken im Schnee. Es wird mir aber jetzt im Alter zunehmend beschwerlicher, deshalb bitte ich seit ein paar Jahren den Meiser-Bengel um Hilfe. Er ist ein guter Junge; dass seine Mutter ein liederliches Ding mit schlechtem Umgang ist, dafür kann er ja nichts. Der Jens verdient sich auch gern die zwei Euro von Tante Bergmann dazu. Für ein Eis machen die halbwüchsigen Jungen mit 15 oder 16 so was doch gern.

Trümmerfrau Als der Krieg aus war, damals 45, lag alles in Schutt und Asche. Wir hatten nichts als die Kleider, die wir auf dem Leib trugen, den Glauben an uns selbst und unserer Hände Kraft. Die meisten Männer waren ja im Krieg geblieben, deshalb mussten wir Frauen ran. Und zwar alle, vom jungen Mädel bis zur alten Dame. Jede hat mitgeholfen, alle ham se mit angepackt. «Trümmerfrauen» ham se uns genannt, weil wir Steine geklopft haben, bis die Finger bluteten und der Rücken schmerzte.

Die alte Tante Polte hat aus dem wenigen, was wir hatten, Brotsuppe gemacht für die Frauen, die den Schutt räumten. Sie konnte ja selbst kaum noch laufen. Aus den Steinen, die wir aus den Trümmern gerettet haben, haben wir dann bei Mutter Vettschau auf der Turmstraße unsere erste Stube gemauert, mein Otto und ich. Die Miete von drei jungen Paaren brauchte sie dringender als die große Wohnstube, die wir unterteilt hatten. Und zwar ganz ohne Baugenehmigung!

Heute würden die ja da ein Tamtam machen mit Stempel und Gutachten und Statik. Damals war keine Zeit für so was, wir haben nicht lange gefackelt und einfach losgelegt. Aber daran sehen Se den Unterschied zu heute: Wir haben angepackt und gemacht, und daraus ist auch was geworden. Hätten wir versucht, das Land wieder aufzubauen, wie die momentan Politik machen, na, dann säßen wir heute noch in den Trümmern und würden auf das Brandgutachten vom Bauamt warten. Ach, schwere Zeiten waren das, aber man erinnert sich auch gern daran. Weil wir nämlich was vorangebracht haben und nicht nur gejammert und geklagt. Das hat die Natur schon richtig so eingerichtet, dass man sich eher an die schönen Dinge erinnert und die nicht so schönen vergisst. Nicht umsonst heißt es ja «die gute alte Zeit», nich?

Übergangsjacke Da verstehe ich nun wirklich nicht, dass das ein altes Wort sein soll. Als ob das Wetter und die Jahreszeiten heute anders wären und man keine Übergangsjacke mehr brauchte! Sollen die jungen Dinger sich ruhig verkühlen, ich gehe ohne meine Übergangsjacke nicht vor die Tür, weder im Frühling noch im Herbst.

Unterleib Es langt vollkommen, wenn man dezent andeutet: «Es geht um eine Frauengeschichte.» ALLERHÖCHSTENS ist es nötig, zu sagen, dass es sich um den Unterleib handelt. Es ist doch eine Unsitte geworden, dass man sich heute so was in allen Details erzählt. Ungefragt teilweise!

Wissense, ich sitze im Bus, da unterhalten sich zwei Frauen – die eine hatte ihren Säugling dabei – über die Geburt. Und zwar in Einzelheiten. Nee! Sie, da bin selbst ich als Frau rot geworden. «Dammschnitt» war das Letzte, was ich verstanden hab. Ich bin nämlich eine Station früher ausgestiegen und nach Hause gelaufen. So was hält man ja nich aus!

Wählscheibe Wenn man sich das Händitelefon so anguckt, dann wird man erst mal gewahr, wie verrückt die Technik doch ist. Ein Glasscheibchen und hintendrauf eine angebissene Tomate, und das Ding funktioniert sogar ohne Wählscheibe. Man darf gar nicht versuchen, das zu verstehen, sonst wird man reineweg verrückt.

Was hat mich die Wählscheibe früher immer verrückt gemacht! Wenn man eine lange Nummer zu wählen hatte, dann musste man höllisch aufpassen, dass man sich nicht vertat, sonst konnte man wieder von vorn anfangen.

Am schlimmsten war es, nach Westdeutschland zu telefonieren, da brauchte man die Null so oft, wegen der Vorwahl. Und bis die Null zurückgeschnalzt war und man weiterwählen konnte – liebe Zeit, es war zum Verrücktwerden. Auf der Arbeit, am Schalter bei der Reichsbahn, habe ich beim Telefonieren immer das Vorübergehend-geschlossen-Schildchen aufgestellt. Schließlich musste man sich da konzentrieren.

Wäschemangel Hemden und Blusen haben wir früher gebügelt, und zwar mit dem →Plätteisen. Aber für die Tisch- und Bettwäsche haben wir die Wäschemangel genommen. Das war ein sehr großes Gerät, ein riesiges Trumm, das ebenfalls in der →Waschküche stand. Gemangelt wurde mit heißem Dampf, damit kriegt man selbst große Flächen ruck, zuck einwandfrei glatt. Eine Wäschemangel hatte nicht jeder Haushalt.

Ich musste damals immer zur Margarete Herrmann, die hatte nach der Scheidung von ihrem Mann sozusagen als Abfindung eine Wäschemangel bekommen und verdiente sich ein paar Mark dazu, indem sie das Gerät anderen Frauen überließ. Ihre kleine Brigitte spielte gern mit meiner Kirsten, jedenfalls bis Kirsten ihrer blonden Puppe aus dem Westpaket die Haare abschnitt. Die Schweinerei, als die Kinder die Haare mit Büroleim wieder ankleben wollten, werde ich mein Leben lang nicht vergessen! Von da an war es vorbei mit der Kinderfreundschaft, und ich ging ohne Kirsten zum Wäschemangeln.

Waschküche «Große Wäsche» kennt ja auch kaum noch jemand, oder? Du liebe Zeit, heutzutage steht die Waschmaschine in der Badestube oder sogar in der Küche, und wenn der Wäschekorb voll ist, wird das Gerät angestellt. So einfach war das lange Zeit nicht. Da musste man erst mal die Waschküche reservieren, es war ja jeder aus der Hausgemeinschaft einen Sonnabend dran. Dann musste man sehr früh raus und den Waschkessel anheizen, mit Holz und Kohle, denkense sich nur! Wenn alles schön heiß war, kam die Wäsche rein. Erst die helle und dann immer weiter zum Dunklen und Dreckigen hin. Wie beim Abwaschen mit dem Geschirr, da fängt man ja auch mit den Gläsern an und macht zum Schluss die Pfannen.

So, wie Sie jetzt gucken, ahne ich schon, dass Se nich mal das wussten … Herrje! Wo war ich? Ach ja, in der Waschküche. Wenn die Wäsche durch war, wurde das letzte Spülwasser nicht etwa weggekippt, sondern noch mal warm gemacht, und dann wurde gebadet in der Zinkwanne. Sonnabend war nämlich nicht nur Waschtag, sondern auch →Badetag. Erst kam Kirsten dran, dann ich und zum Schluss der Wilhelm. Oder der Franz. Oder der Walter. Nee, als ich mit dem Walter verheiratet war, da war die Kirsten längst aus dem Haus, und wir hatten auch schon eine Badestube.

Wilde Ehe So sagte man, wenn zwei ein Techtelmechtel hatten, aber nicht verheiratet waren. Heute sieht man das ja nicht mehr so eng, aber weiland lebten nur zwielichtige Leute ohne Anstand in wilder Ehe. Meist lag es daran, dass die Damen die Männer nicht aufs Standesamt bekamen.

So was gab es bei mir nie! Bei mir haben die

Herren alle ja gesagt. Ich habe es immer mit den alten Lateinern gehalten: *quid pro quo*. Wer mich ins Bett gekriegt hat, den habe ich vorher aufs Standesamt gekriegt. So war die Regel, so bin ich gut gefahren. Wilde Ehe, wissense, nee!

Wollust Jetzt müssense mir versprechen, dass Sie schon über 18 sind, sonst dürfense nicht weiterlesen. Abgemacht?

Gut. Ich verlasse mich auf Sie. Wollust ist, wenn einen der Hafer sticht und es einen nach einem Mann begehrt. Oder Männer nach einer Frau. Oder Männer auch nach einem Mann und Frauen nach einer Frau. Heute ist man da ja tolerant.

Zausel Das sagte man zu einem verwirrten älteren Herrn. Wenn einer schon ein bisschen tüdelig war und manches vergessen hat, aber sonst noch ganz gut beieinander. Dann war er ein Zausel. Also nicht schlimm krank, sondern liebenswürdig schrullig. So wie der Kurt oder der Herr Biermann, mit dem wir manchmal zum Pferderennen gehen. Er hält sich für einen großen

Experten, aber dann bringt er den Schein durcheinander und wettet auf die falschen Tiere, und am Ende gewinnt Ilse, und er ärgert sich.

Zugehfrau So haben wir früher eine Reinemachefrau genannt. Kennense auch nicht, oder? Na, Putzfrau. Also eine Dame, die einem stundenweise im Haushalt zur Hand ging und bei den groben Arbeiten half. Das war schon immer nur was für feine und reiche Leute, nicht für welche wie uns.

Der Notar, zu dem ich jedes Mal musste, wenn einer meiner Männer gestorben war, wegen des Testaments und so – der hat natürlich eine Zugehfrau. Und Frau Doktor Bürgel auch. Die ist allerdings ein bisschen bräsig und hat sich neulich mit der Kochwäsche vertan und den Lieblingspullover der Dokterschen mit den Arztkitteln gewaschen. Jetzt ist der Pullover hinüber, die Kittel haben alle einen rosa Stich, und Frau Doktor sucht eine neue Zugeh… also, Putzfrau. Wenn Se jemanden wissen, schreiben Se mir, ich leite es der Dokterschen dann weiter!

Zum Blauen Bock So eine schöne Sendung findense heute nicht mehr im Fernsehen. Ach, das war noch was! Es waren immer bekannte Schlagersänger und Schauspieler eingeladen, und in der ersten Reihe saß der Herr Oberbürgermeister der Stadt, in der die Sendung zu Gast war. Den ganzen Abend wurde gesungen, geschunkelt und geklatscht. Der Heinz Schenk hat Witze gemacht, jeder Gast bekam eine getöpferte Kruke überreicht, die sie «Bembel» nannten, und es gab ein großes Finale, wo alle zusammen ein schönes Abschiedslied gesungen haben. Die Damen bekamen Blumen, und dann sagte Heinz Schenk, wann die nächste Sendung läuft. Zum Karneval und zu Weihnachten gab's immer eine Sondersendung.

Zwischengas Denkense jetzt ja nich, ich hätte keine Ahnung vom Autofahren. Bis ich 75 war, bin ich noch selbst gefahren, ich kenne mich aus! Auf den älteren Fahrzeugen musste man immer Zwischengas geben. Das heißt, man hat gekuppelt, den Gang rausgenommen, und im Leerlauf wurde dann noch mal ordentlich aufs Gas getreten.

Da heulte der Motor kurz auf. Erst dann wurde in den nächsten Gang geschaltet.

Der Kurt macht das beim Koyota heute noch so, gelernt ist eben gelernt. Der Verbrauch ist zwar etwas höher, als im Bedienungsbuch steht, aber sonst ist der Wagen tipptopp in Schuss.

Renate Bergmann, geb. Strelemann, wohnhaft in Berlin. Trümmerfrau, Reichsbahnerin, Haushaltsprofi und vierfach verwitwet: Dahinter steckt Torsten Rohde, Jahrgang 1974, der in Brandenburg/Havel BWL studierte und als Controller gearbeitet hat. Sein Account @RenateBergmann entwickelte sich zum Internet-Phänomen. Seine bisherigen Bücher waren große Erfolge und standen mehrere Monate auf der Bestsellerliste.

Weitere Titel von Renate Bergmann

Das bisschen Hüfte, meine Güte

Ich bin nicht süß, ich hab bloß Zucker

Kennense noch Blümchenkaffee?

Über Topflappen freut sich ja jeder

Wer erbt, muss auch gießen

Wir brauchen viel mehr Schafe

Renate Bergmann

Ich bin nicht süß, ich hab bloß Zucker

Eine Online-Omi sagt, wie's ist

«Deutschlands bekannteste Twitter-Omi» (Bild) hat Zucker und «Ossiporose», schläft unter einer Heizdecke und hat «den Krieg nicht überlebt, um Kunstfleisch aus Soja zu essen»: Renate Bergmann, 82, aus Berlin. Ihre Männer liegen in Berlin auf vier Friedhöfe verteilt, das Gießen dauert immer einen halben Tag. Und apropos tot, Renate und ihre beste Freundin Gertrud haben ein schönes Hobby: Die beiden suchen sich in der Zeitung eine nette Beerdigung raus, ziehen was Schwarzes an, und dann geht es los. Zwei alte Damen mehr oder weniger am Buffet – da schaut keiner so genau hin. Denn schließlich: «Die meisten denken, ich bin eine süße alte Omi. Aber ich kann auch anders.»

224 Seiten

MIX
Papier aus verantwortungsvollen Quellen
FSC® C083411

Das für dieses Buch verwendete Papier ist FSC®-zertifiziert.